MES VOYAGES A TRAVERS LE MONDE

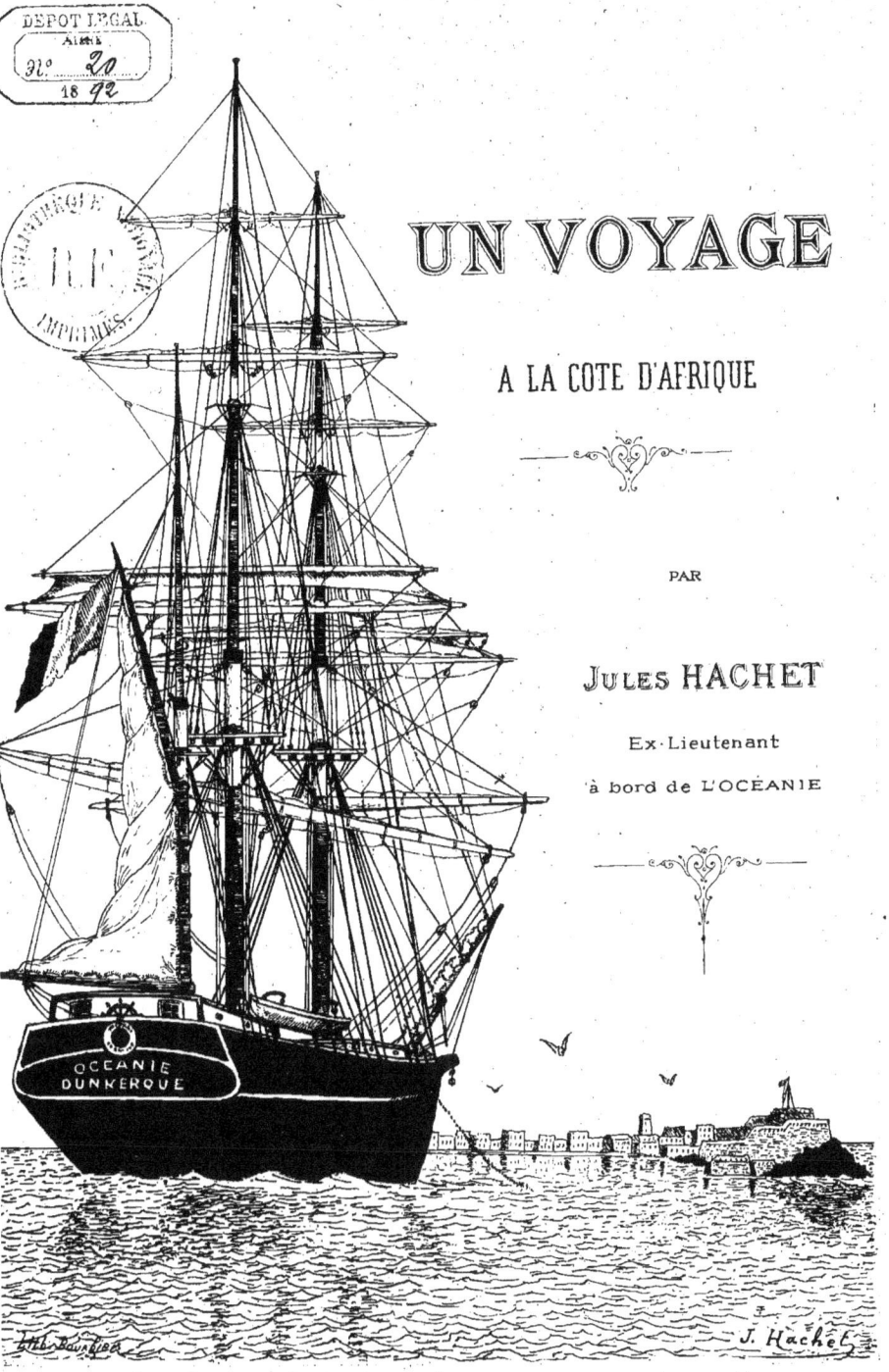

UN VOYAGE

A LA COTE D'AFRIQUE

PAR

Jules HACHET

Ex-Lieutenant

à bord de L'OCÉANIE

4° O³
842

UN VOYAGE

A LA COTE D'AFRIQUE

Il a été tiré de cet ouvrage vingt exemplaires sur papier de Hollande, tous numérotés.

OUVRAGES DU MÊME AUTEUR

SOUS PRESSE :

IMPRESSIONS EN ITALIE ET EN CORSE

1 Volume.

EN PRÉPARATION :

QUINZE MOIS AUX ILES SAN FERNANDO

(Province de Buenos-Ayres) 1 volume.

MES VOYAGES A TRAVERS LE MONDE

UN VOYAGE

A LA

COTE D'AFRIQUE

PAR

JULES HACHET

Ex-Lieutenant à bord de l'*Océanie*.

Dessins et Carte de l'Auteur.

SAINT-QUENTIN

IMPRIMERIE J. MOUREAU ET FILS

8, PLACE DE L'HOTEL-DE-VILLE, 8

1892

A MA MÈRE

INTRODUCTION

Je dirai comme G. de la Landelle, au commencement d'un de ses volumes, dans lequel il a si bien dépeint la mer et les marins.

« Ce n'est point aux gens de mer que s'adresse cet ouvrage, les marins qui le parcourront y reconnaîtront peut-être avec plaisir la peinture fidèle de leur existence, de leurs émotions, de leurs habitudes, de leurs goûts et de leurs peines.

» En effet, qu'ont-ils besoin qu'on leur dépeigne et qu'on leur raconte la mer ? Ne l'ont-ils pas vue sous toutes ses faces ? Qu'ont-ils besoin qu'on leur parle de ce qu'ils font et de ce qu'ils sont. »

Rien n'est plus vrai pour celui qui a navigué, le récit qui va suivre ne fera que lui rappeler toutes les beautés, comme tous les ennuis de la vie au long-cours ; car ce voyage est écrit sans aucune prétention littéraire, c'est plutôt un journal de bord, sur lequel mes impressions et mes pensées ont été consignées chaque jour, ainsi que les scènes successives dont je fus le témoin.

Jules HACHET,
Ex-lieutenant à bord de l'*Océanie*.

I

DUNKERQUE. — LE DÉPART DE L'« OCÉANIE »

UN VOYAGE A LA COTE D'AFRIQUE

CHAPITRE PREMIER.

DUNKERQUE. — LE DÉPART DE L'*OCÉANIE*

Le port de Dunkerque. — L'*Océanie* et son équipage. — Son départ.

C'était le 12 avril 1873, la population maritime de Dunkerque se préparait à fêter le jour de Pâques.

Le mouvement des quais était moins bruyant que d'habitude et déjà bon nombre d'estaminets et de maisons de commerce avaient commencé à pavoiser avec des pavillons de diverses nations.

Comme neuf heures du matin sonnaient à la tour du beffroi, je traversais la rue Faulconnier, me rendant par les ponts de fer à bord du trois-mâts barque l'*Océanie,* amarré dans le bassin de la marine.

Le propriétaire de ce navire, un des plus riches armateurs de la ville, M. W..., avait sollicité du capitaine mon admission à bord, et depuis le commencement du mois, je faisais partie de l'équipage en qualité de lieutenant.

Il y avait huit jours que l'*Océanie*, complètement parée (1), attendait des vents favorables pour sortir en rade et faire route vers le Sénégal.

Affrétée pour le compte du gouvernement français, elle était chargée de quatre cents tonnes de charbon d'Anzin, à destination de Dakar.

A l'époque, la ville de Dunkerque était encore enserrée dans ses murs et ne s'étendait pas, comme aujourd'hui, jusqu'à Rosendaël (2), le chemin de fer de Furnes (maintenant relié au réseau du Nord), existait toujours contre les fortifications, et de là pour aller à la mer, il y avait bien encore quinze cents mètres à parcourir.

Une seule route y conduisait, et, comme habitations, on voyait juste un poste de douane, la tour carrée des pilotes, la taverne anglaise, et, sur le bord de la mer, l'hôtel des bains.

Ces constructions étaient bâties en planches comme toutes celles établies dans la zone militaire.

---

(1) Paré, veut dire prêt à partir.
(2) Station balnéaire à 2 kilomètres de Dunkerque et reliée par un tramway.

Dans Dunkerque, sur le versant Ouest de l'autre côté des écluses, il n'y avait guère que le quai de la citadelle, et derrière ses maisons, des dunes de sable s'étendaient à perte de vue dans la direction de Mardyck ; sur ces dunes, des chantiers commençaient à s'ouvrir pour creuser et construire les nouveaux bassins inaugurés il y a quatre ou cinq ans.

Chemin faisant, j'étais arrivé à la halle des bateaux à hélice du Nord, et j'allais tourner à gauche, voyant à quelques pas de moi l'*Océanie*, avec sa haute mâture et sur le tableau de l'arrière son nom écrit en grosses lettres d'or, lorsque je sentis une main s'appuyer sur mon épaule; je me retournais vivement et reconnaissais l'armateur, M. W..., qui venait donner ses dernières instructions au capitaine.

— Eh bien ! me dit-il, c'est aujourd'hui le départ, les vents sont Nord, c'est-à-dire favorables pour démancher (1); un remorqueur prendra l'*Océanie* à la marée pour la conduire en rade. Etes-vous prêt ?

Je lui répondis que oui ; mais dans mon for intérieur, j'espérais passer le jour de Pâques à terre.

Nous étions rendus à bord ; je laissais l'armateur causer avec le capitaine et gagnais ma cabine pour mettre

---

(1) Veut dire sortir de la Manche pour entrer dans l'Océan.

immédiatement mes vêtements de mer et prendre mon poste pour l'appareillage.

Je dois dire au lecteur où se trouvait cette cabine.

Le navire, n'ayant pas de dunette, il y avait sur le pont deux roufs, un à l'arrière et l'autre à l'avant.

Celui de l'arrière ; était affecté aux officiers ; deux portes séparées seulement par l'habitacle (1) y donnaient accès.

Il se composait de la salle à manger appelée communément la chambre, et de quatre cabines, dont trois occupées par le capitaine, le second (2) et moi ; dans la quatrième pouvant servir de cabine de passager, on avait arrimé des provisions.

Le rouf d'avant était en trois parties. Le poste de l'équipage, prenant toute la largeur, se trouvait sur le devant, puis derrière ce poste, deux cabines dont l'une affectée au maître et l'autre convertie en cuisine.

Les huit jours que nous étions restés en partance n'avaient pas été perdus pour moi ; ils m'avaient, au contraire, procuré le loisir de connaître à peu près tous ceux avec qui j'allais vivre pendant plusieurs mois.

A commencer, par le capitaine R... Romulus (le prénom indique suffisamment une origine provençale). Agé de quarante ans environ, petit de taille, portant la mous-

---

(1) Armoire vitrée où se trouve placé le compas de route.
(2) Par abréviation de second capitaine.

tache et les favoris chatains, de petits yeux vifs un peu enfoncés sous l'arcade sourcillière, mais nullement méchants, le teint fortement halé comme celui de tous les marins ayant bien des années passées à la mer.

Le second, né dans un des ports de la baie de Saint-Malo, avait sûrement dépassé la quarantaine. De taille moyenne, une figure sympathique encadrée d'une barbe un peu grisonnante, bon avec tout le monde, ayant une instruction très restreinte, mais excellent manœuvrier.

Le maître, marin du port de Nantes, trente ans au plus, d'une taille au dessous de la moyenne, avait la barbe clairsemée et les cheveux d'un blond filasse, les yeux ternes, la figure anguleuse et maigre, d'un caractère violent, et jaloux que, par mon emploi, je fusse au dessus de lui. On verra plus tard que je ne m'étais pas trompé.

Le reste de l'équipage se composait de Corses, de Marseillais et de Bretons, à part deux Dunkerquois, le novice qui devait nous servir de cuisinier et le mousse naviguant pour la première fois.

Je ne m'attarderai pas à vous raconter comment nous nous sommes déhalés (1) des bassins. Je me contenterai de vous dire, qu'à midi, l'*Océanie* présentait son avant à la dernière écluse de la citadelle; j'en profitais pour sauter à terre et serrer la main à quelques amis qui étaient venus

---

(1) Comment nous sommes sortis.

me souhaiter un bon voyage. Je remontais à bord aussitôt. Il était temps ; le pilote embarquait et le vapeur *Marine*, nous ayant envoyé sa remorque, faisait déjà machine en avant.

Successivement les quais disparaissent, le phare avec ses logements de gardiens, à côté la batterie du Risban ; puis, le chenal, et ses deux jetées en bois.

Celle de droite est en réparation : quelques jours auparavant, un vapeur, venant de la Baltique, l'avait presque coupée en deux ayant manqué la passe, poussé par un fort vent d'Est.

Ce navire est totalement ensablé, ses mâts et sa cheminée, seuls, émergent à marée haute.

Sur la jetée de gauche, quelques promeneurs, parents ou amis, agitent leurs mouchoirs en signe d'adieu et, enfin ! la mer.

On sent bien à la houle, qui vient du large, que l'on n'est plus protégé par les charpentes des estacades.

Une partie de l'équipage est occupé dans la mâture à larguer (1) les voiles et l'autre partie, sur le pont, à les étendre et à les orienter.

Deux heures après, nous doublons le feu flottant le Ruytengen ; le remorqueur nous quitte, le pilote aussi et

---

(1) Larguer veut dire lâcher, desserrer.

maintenant, sous les ordres du capitaine, l'*Océanie,* couverte de toile, serrant le vent au plus près, fait route à l'Ouest.

II

EN MER

CHAPITRE II

EN MER

La Manche. — Gros temps dans l'Océan. — L'île Palma. — Arrivée à Dakar. — Péripéties du mouillage.

Huit heures du soir. Nous sommes en mer depuis midi, le second vient de prendre le premier quart de nuit. Tout commence à être silencieux à bord, on n'entend aucun chant à l'avant, signe évident que les matelots sont fatigués par les libations forcées d'un jour de départ : seule, la bordée de quart vague à ses divers travaux.

Accoudé sur le bastingage (1), respirant l'air salé à pleins poumons, je pense à la terre de France que nous

---

(1) Parapet entourant tous les bords.

venons de quitter : mes yeux fouillent en vain l'horizon pour la voir encore; mais seul, un point lumineux comme accroché dans le ciel à quelques milles au Sud, me fait croire à l'existence des côtes ; c'est le phare du Cap Grisnez.

La lune, dans son plein, continue son ascension au zénith, pour redescendre ensuite vers l'horizon.

La brise est tellement faible que nous ne marchons que par la force des courants; toutes les voiles sont en ralingue, c'est le calme plat, le pont est désert, je rentre dans ma cabine me reposer.

A minuit moins dix, le mousse est venu me réveiller, j'ai pris le quart; mais il n'y a aucune manœuvre à faire, les hommes de ma bordée, à part le timonier (1), et l'homme de bossoir (2), sont couchés à plat pont.

Plusieurs voiliers en vue sont comme nous, immobiles, on dirait des navires à l'ancre.

C'est la continuation du calme plat.

Un gros vapeur dont les cheminées laissent échapper des torrents de fumée, passe à quelques brasses de l'*Océanie;* par ses feux de position, on voit qu'il gouverne pour reconnaître la côte anglaise.

---

(1) Celui qui fait mouvoir le gouvernail.
(2) L'homme qui est de faction sur l'avant du navire, pour interroger l'horizon, signaler la terre en vue, ou la marche de navires aperçus et prévenir l'officier de quart.

Son hélice laisse derrière lui une longue traînée blanche ; la brise étant nulle, sa fumée reste stationnaire et forme un nuage au dessus de la mer, qui le dérobe un instant à nos yeux ; puis il reparaît, mais plus petit, et quand la cloche sonne l'appel au quart il est invisible. Par contre, les feux de South-Foreland s'aperçoivent à dix milles environ dans l'Ouest du monde.

Dimanche 13. — Jour de Pâques, le temps est gris et ne semble pas disposé à s'éclaircir.

La brise est moyenne, nous sommes en bonne route.

A huit heures, nous doublons le feu Varne (bateau flottant) et à midi le phare de Dungeness (1), à un mille dans le Nord-Nord-Ouest.

Des goëlands et surtout des mouettes volent au-dessus de nous ou se reposent sur la crête des vagues, se laissant aller au gré de celles-ci.

Un canot de pilote anglais nous accoste, le capitaine en profite pour lui donner une lettre.

L'après-midi, la brise fraîchit sensiblement ; le ciel, de gris qu'il était, devient brumeux, et, à la nuit tombante, on ne voit plus à quelques pas.

Les feux réglementaires sont allumés, et l'homme de faction à l'avant sonne la cloche par intervalles réguliers.

---

(1) Port de la côte Anglaise.

En temps de brume, les précautions à prendre en Manche sont inouïes, tant cette mer est sillonnée de navires de toutes nations; c'est l'endroit où les abordages sont les plus fréquents.

A neuf heures, on entend distinctement à tribord devant, le son d'une bouée à cloche; ce ne peut être que celle mouillée sur les bancs de Beachy-Head; nous laissons arriver (1) sur babord pour les écarter.

Rien à signaler jusqu'au lendemain 14, à minuit; à ce moment, les Casquets (2) sont visibles dans le Sud du monde à six milles.

Une accalmie s'étant produite vers le matin, il faut encore bourlinguer (3) pendant deux jours à virer de bord (4) constamment pour entrer dans l'Océan.

Peu de chose à dire en dehors des manœuvres journalières jusqu'au 25 à midi. Nous sommes par :

39°, 37' latitude Nord
et 15°, 39' longitude Ouest

lorsque nous rencontrons le navire *Majus*, trois mâts-français, allant à Bordeaux.

---

(1) Ouvrir l'angle d'incidence du vent sur la voilure, sans qu'on change l'orientation des voiles.
(2) Trois feux sur le groupe des Iles d'Aurigny.
(3) Travailler ferme.
(4) On dit qu'un vaisseau vire de bord, quand il tourne horizontalement sur lui-même pour présenter au vent le côté opposé à celui qui le recevait avant cette évolution.

Nous échangeons les saluts d'usage tout en continuant notre route.

Le 26. — Grosse mer, le navire fatigue beaucoup.

Le 27. — Le ciel est nuageux, la brise est irrégulière, quelques grains pendant la nuit, la mer est toujours grosse.

Le 28. — Une pluie torrentielle vous aveugle, le vent la chassant vivement par raffales, les gouttes vous font, sur la figure, l'effet d'un grain de plomb projeté avec force et s'écrasant sur une plaque de tôle.

La mer est démontée.

Vers 6 heures, le vent se forme au Nord-Est, il vente grand frais et la pluie tombe toujours, quelques éclairs apparaissent dans le Nord-Nord-Est.

Le 29. — Même état du ciel et de la mer; vers 9 heures du soir, éclairs et tonnerre dans le Nord-Est.

Le 30. — Le temps est couvert, la mer houleuse, naviguant sous toutes voiles.

A trois heures aperçu l'Ile Palma, dans le Sud, loffé (1) pour passer sur tribord.

---

(1) Aller au plus près du vent.

Deux navires sont en vue courant comme nous.

A quatre heures, ayant fait une observation, nous sommes par :

                29°, 04' latitude Nord
et   20°, 09' longitude Ouest.

Nous côtoyons assez près pour bien distinguer la ville de Palma, qui est la capitale de l'île.

En dehors, le paysage qu'on aperçoit est montagneux et couvert de forêts.

L'île reste en vue jusqu'à neuf heures du soir. Elle est le siège d'un évêché et fait un commerce considérable avec la France et l'Angleterre.

C'est la plus importante du groupe des Canaries (colonies Espagnoles.)

Du premier mai au lundi 5. — Nous sommes dans la région des vents alisés du Nord-Est.

Rien de saillant, continuation normale du voyage.

Le 6. — Dans l'après-midi, l'équipage est occupé à monter les chaînes et mettre les ancres en mouillage. Nous approchons Dakar. A six heures, reconnu le Cap Vert. Le capitaine fait diriger la route en conséquence pour atteindre Gorée; la brise est fraîche et la mer est grosse.

A dix heures, doublé le phare du Cap Vert; à onze heures, par le travers de l'île de la Madeleine.

A minuit, nous doublons le Cap Manuel, la brise tombe graduellement.

Vers deux heures et demie, la brume est si intense qu'il est impossible de voir aucun feu, et pourtant nous sommes à très petite distance de Gorée; mis sur le mât(1) en attendant le jour.

Le 7. — A cinq heures du matin, fait de la toile, à huit heures passé devant Gorée et atteint le mouillage de Dakar.

Nous rasons la poupe de la frégate amirale la *Vénus* en ce moment en station.

Je suis chargé de la saluer en abaissant et en hissant par trois fois notre pavillon flottant à la corne d'artimon; immédiatement la *Vénus* répond à nos saluts.

Il est neuf heures, le capitaine commande :

— Chacun à son poste pour le mouillage !

Aussitôt la plupart des voiles sont carguées, celles qui restent étendues ne servent plus que pour amortir la vitesse.

Le second est sur le gaillard d'avant et attend l'ordre de mouiller.

Quelques minutes s'écoulent, minutes qui paraissent

---

(1) Orienter la voilure de manière à ce qu'elle ne reçoive pas le vent.

un siècle tant l'anxiété est grande et le spectacle imposant.

De l'arrière, un nouveau commandement traverse l'espace :

— Mouillez babord !

Immédiatement le second largue la bosse debout qui retenait l'ancre au bossoir et celle-ci tombe avec fracas, faisant entendre un formidable grincement de fer provoqué par la rapidité de la chaîne s'échappant de l'écubier.

L'ancre a mordu, mais l'impulsion est encore si forte que la chaîne casse au deuxième maillon (1); l'ancre de tribord est mouillée de suite, alors le navire est trop près de terre et n'a plus assez d'eau.

Les embarcations sont mises à la mer ; je prends le commandement du canot, le maître celui de la chaloupe et avec chacun une aussière faisant l'office de remorqueur, nous essayons de hâler l'*Océanie* au large, mais elle est échouée.

Pendant cette manœuvre, le canot de la santé est venu donner la libre pratique et le capitaine muni de ses papiers est allé à terre avec lui.

Malheureusement, nous sommes impuissants, et la marée baissant de plus en plus, le navire est en mauvaise position.

---

(1) Les chaînes se mesurent par bouts appelés maillons ; la longueur d'un maillon est de 30 mètres.

De la frégate, on a vu la stérilité de nos efforts, on a compris notre situation, car deux embarcations chargées de marins, toutes deux commandées par un aspirant, débordent de la *Vénus* et sont à bord de notre trois-mâts quelques instants après.

Avec un renfort de plus de quarante hommes, il était facile de s'amarrer sur l'un des corps-morts qui sont placés en rade et de virer au cabestan (1); aussi, à midi, nous étions remouillés, cette fois, en bonne position.

J'ai fait les honneurs de la cambuse (2) et les équipages ont bu à la santé du nouveau président de la République, car le maréchal de Mac-Mahon venait d'être élu pendant notre traversée.

Avant de quitter l'*Océanie*, les aspirants m'ont fait promettre d'aller leur faire une visite; j'ai accepté de grand cœur.

Une heure : le capitaine vient de rentrer avec une embarcation de louage, ignorant les péripéties de notre second mouillage.

On fait les tentes, le service de nuit est réglé et lorsque le soleil n'est plus aussi ardent, le capitaine fait armer le canot et, me prenant avec lui, je vais faire ma première promenade à terre.

---

(1) Treuil vertical.
(2) Endroit où sont remisées les boissons et provisions.

III

AU MOUILLAGE. — DAKAR. — GORÉE

CHAPITRE III

AU MOUILLAGE. — DAKAR. — GORÉE

Fondation de Dakar. — Le capitaine du *Filtre*. — Jour de marché — Visite au jardin du Pénitencier. — La Mosquée. — Le transport de guerre *la Loire*. — Promenade à Gorée. — Tombeau de l'ancien roi de Dakar. — Visite au nouveau roi. — Une chasse à la hyène. — Bamboula.

La première occupation française au Sénégal, connue sous le nom de *Compagnie Normande*, date de 1626.

Plus tard, cette compagnie céda ses droits à la *Compagnie des Indes Occidentales*.

Les Anglais, jaloux de notre influence sur ces côtes, nous disputèrent souvent cette possession.

Saint-Louis et Gorée eurent à subir bien des sièges et furent pris et repris plusieurs fois; aussi, nous ne possédons vraiment cette colonie que depuis le commencement de ce siècle.

C'est *l'article 8 du traité de Paris* (30 mai 1814), qui

nous la rendit : mais les Anglais, profitant de nos désastres de 1815, n'évacuèrent définitivement Saint-Louis qu'en janvier 1817.

Au mois de juin 1816, le gouvernement français envoya une division composée de quatre navires pour reprendre possession du littoral Sénégalais, suivant le traité stipulé plus haut.

La frégate la *Méduse* faisait partie de cette division.

Elle se perdit par l'incurie de son commandant, M. de Chaumareys, sur les bancs de sable d'*Arguin*, et les survivants de ce sinistre, après mille difficultés, exténués par les privations et la maladie, arrivèrent à Saint-Louis.

Là, une déception cruelle les attendait ; le gouverneur anglais, prétextant qu'il n'avait pas d'ordre pour évacuer la ville, envoya une partie des malheureux naufragés au Cap Vert ; c'est de ce moment, c'est-à-dire en novembre de la même année, que les premiers Français vinrent s'établir à Dakar ; mais la véritable fondation ne date que de 1863, époque à laquelle le colonel du génie Pinet-Laprade, sous les ordres du gouverneur Faidherbe, commença les premiers travaux pour la construction du port (1).

---

(1) Ces renseignements ont été puisés dans les *Colonies Françaises*, publiées sous la direction de M. Louis Henrique, 1890, et dans le récit du naufrage de la *Méduse*, par M. Corréard, ingénieur, l'un des survivants, 1821.

J'ai crû faire plaisir au lecteur en lui donnant ce résumé historique de quelques lignes avant de continuer ce récit.

Le pays n'est pas inconnu pour moi ; car en novembre 1869, revenant du Brésil, à bord de la *Navarre,* paquebot des Messageries maritimes de Bordeaux, j'eus l'occasion de visiter Dakar, pendant que ce vapeur faisait escale pour renouveler sa provision de charbon, et prendre le courrier.

Depuis cette visite, quatre ans se sont écoulés et j'avoue que le village n'a pas changé ; en dehors des casernes, des locaux renfermant les services administratifs, des hangars des Messageries et quelques habitations particulières, tout le reste a conservé son état sauvage.

Un seul café restaurant est établi près du port, et a pour enseigne « Café restaurant de la Marine. »

C'est sur la terrasse de cet établissement (qui ne ressemble en rien à ceux de nos boulevards), qu'on peut voir, à l'heure de l'apéritif, les officiers en divers costumes de l'armée coloniale.

Dakar est très peu habité par les européens ; je suis sûr qn'en dehors de la troupe et du personnel de l'administration, on n'en compterait pas trente.

J'ai beau regarder partout dans les diverses rues, si l'ont peut appeler rues les alignements tortueux de palissades en bambou ou en paillottes clôturant les cases à nègres, je ne découvre rien qui puisse mériter une mention spéciale.

La journée est à son déclin, le soleil commence à s'enfoncer dans l'océan, c'est l'heure pour les *Yolofs* (1) de faire leur salamalec à Mahomet, et de se prosterner le front contre la terre plusieurs fois, jusqu'à ce que le soleil soit couché.

En continuant seul mon excursion (car le capitaine avait dû me quitter pour aller au bureau de la Marine afin de presser le déchargement de l'Océanie) j'étais arrivé près de la mosquée, lorsque je vis passer près de moi un chasseur, le fusil sous le bras.

Voyant à mon costume que j'appartenais à la marine marchande, il me demanda si je faisais partie de l'équipage du trois-mâts arrivé en rade le matin.

Sur ma réponse affirmative, il se nomma. J'avais devant moi M. X... commandant la goélette de l'État le *Filtre,* que l'on voyait à l'ancre à son mouillage dans la baie de Hann.

La glace était rompue ; il me questionna longuement sur notre chère France, qu'il n'avait pas vue depuis cinq ans, et, tout en causant, le soleil avait complétement disparu.

---

(1) Population noire du pays ; ce sont les véritables Sénégalais.

Nous descendions vers le port presque à regret, mais il fallait se quitter, c'était l'heure de rallier le bord, et lorsque nous arrivâmes devant le bureau du maître de port (notre lieu de rendez-vous convenu), le capitaine était là depuis quelques instants et le canot de l'*Océanie*, à quai, nous attendait.

Je fis les présentations et, au moment d'embarquer, M. X... nous faisait amicalement une invitation à dîner pour le surlendemain et mettait à ma disposition son fusil avec munitions à discrétion.

En me faisant cette offre, il ajoutait simplement : « Je » ne vous parlerai pas de la chasse à la grosse bête, quoi- » que l'hyène soit commune ici, mais nous avons une » quantité d'oiseaux rares qui vous feront peut-être plai- » sir à tuer pour les mettre en peau et les faire monter » ensuite en Europe ».

Vous dire que j'acceptais est inutile, mais j'étais surtout heureux d'avoir rencontré un ami aussi charmant et j'avais maintenant la perspective, en dehors des exigences du service, de ne pas m'ennuyer pendant mon séjour à Dakar.

Lorsque nous rentrons à bord, il est complétement nuit, le capitaine et moi prenons un repas très succinct, car l'heure du dîner réglementaire est passée depuis longtemps.

Ensuite quelques minutes de conversation sur le pont,

le temps de jeter les yeux sur la *Vénus*; l'amiral reçoit certainement, car ses appartements sont bien éclairés, et je rentre dans ma cabine enchanté de ma journée.

Aujourd'hui 8, je suis réveillé de bon matin par un brouhaha inusité.

Une bande de laptots, commandés par un grand nègre, véritable figure d'ébène, a envahi le pont pour commencer le déchargement et en sortant de la chambre j'aperçois amarré à tribord un chaland de l'État, attendant les premiers paniers de charbon.

La matinée s'annonce comme devant être belle, le ciel est sans nuages et la silhouette de l'île de Gorée, avec ses habitations blanches, se découpe nettement sur cet horizon bleu.

La marée est en baisse, et l'*Océanie* fait insensiblement son évolution pivotant sur son ancre. Ma principale occupation, pendant le mouillage, étant les provisions, je vais à terre accompagné du novice et du mousse.

En débarquant, j'apprends que c'est jour de marché; nous montons la rue Dagorne et nous nous dirigeons vers l'endroit où il se tient.

Sur une place très grande, bossuée par des petits monticules de sables, garnis d'herbes grillées par le soleil, sont accroupis, à la manière orientale, une vingtaine de marchands venus des villages de Ouakam et de Hann.

Parmi ces vendeurs, trois bouchers, ayant l'air de pontifier derrière des tables très basses, faites de planches grossières, offrent dans leur dialecte aux consommateurs quelques têtes de mouton ; la peau est encore adhérente, voire même la laine, à la naissance du cou.

A côté sont étalés des quartiers de vaches, dont la chair est verdâtre; sur toute cette carne, des centaines de mouches prennent leurs ébats.

En passant près de ces étals on est littéralement suffoqué par l'odeur de viande corrompue.

A la suite, des marchands des deux sexes, vendent des œufs et des volailles, et pour clôturer cette série mercantile, une vieille négresse, ayant sur une surface d'un mètre carré, des fruits du pays jetés pêle-mêle dans l'herbe, fait des grimaces impossibles aux passants qui n'achètent pas : mes deux jeunes compagnons rient à gorge déployée, tant c'est du dernier comique.

Le tour du marché, comme on peut le voir, est bientôt fait; nous redescendons vers le commissariat, car, tout près, habitent les fournisseurs habituels des navires et les provisions faites, nous retournons à bord.

Il est neuf heures, la chaleur est déjà intolérable, il n'y a qu'un parti à prendre, après le déjeuner, c'est de faire la sieste jusqu'à trois heures.

Etendu sur ma couchette, j'ai ouvert le hublot (1), il

---

(1) Petit sabord circulaire pour éclairer et aérer les cabines.

soufle en ce moment une petite brise bienfaisante venant du large; c'est l'agrément d'être en rade, car à terre on est rôti et l'on ne respire pas.

J'ai beau fermer les yeux, je ne puis dormir, mille pensées s'agitent dans mon esprit; celui-ci, voyageur infatigable, est tantôt en France, tantôt aux colonies.

Toutes ces idées confuses sont subitement arrêtées par une musique dont les notes semblent, comme dans un rêve, descendre des régions célestes.

Sur la frégate stationnaire, la musique de l'amiral attaque l'ouverture de *Haydée* et les premières mesures viennent mourir à notre bord.

On entend distinctement toutes les finesses du solo de hautbois; mollement bercé par le flot, c'est un vrai régal pour moi d'écouter ce fragment de la partition d'Auber.

Puis à cette ouverture délicieusement jouée, a succédé une valse de Métra; c'est la vision de Paris, de ce Paris vivant et dansant.

Je ne puis dire le reste du programme, la chaleur avait fait son œuvre, j'étais endormi.

Ma sieste s'est prolongée jusqu'à l'heure du dîner et après il était trop tard pour aller à terre.

Le 9, onze heures du soir.

Ouf! Je n'en puis plus, aujourd'hui ni sieste ni repos.

La matinée s'est passée à draguer l'ancre perdue et aussitôt le déjeuner, j'ai mis le cap sur Dakar.

Comme nous devons dîner à bord du *Filtre,* j'ai fait un peu de toilette et muni d'une ombrelle, j'ai résolu de marcher malgré l'extrême chaleur.

Quoiqu'en disent certains voyageurs, je certifie qu'on cuit au soleil et qu'il est presque impossible de poser les pieds sur le sable tant il est brûlant, le cuir des chaussures se racornit à son contact.

En suivant le long de la côte, après avoir passé sous le fort de Bel-Air, un spectacle étrange s'offre à mes yeux : plus de mille femmes et enfants sont en train de se baigner ; cette masse noire et grouillante est du plus curieux effet.

Plus loin le jardin du pénitencier fait une agréable tache avec ses grands arbres.

Ce jardin a été tracé et édifié, je crois, par les fusiliers de la troisième compagnie de discipline, casernés dans la citadelle ; en tout cas, ce sont eux qui l'entretiennent.

On y pénètre du côté de la mer, par une ouverture pratiquée dans une rangée de bambous de toutes tailles, formant clôture ; un treillage en lattis complète cette muraille végétale.

A mon entrée, un disciplinaire est occupé à ratisser les allées, et sur ma demande, il est heureux de me servir de cicérone.

Les premières paroles échangées, me font voir de suite que ce garçon miné par la fièvre paludéenne est instruit : il me fait ses confidences.

C'est un besoin, j'ajouterai même un soulagement pour toute âme qui souffre de raconter ses peines.

Il avait, me dit-il, perdu ses parents très jeune et s'était trouvé à la tête d'une brillante fortune, ses comptes de tutelle étant rendus.

En quelques mois, la vie de Paris, les courses, le jeu, lui en ayant dissipé une grande partie, il avait alors songé à s'engager dans un régiment de cavalerie et finalement, étant souvent puni pour absence au corps, il était venu s'échouer à la compagnie de discipline.

Je lui remontais le moral de mon mieux et commençais ma promenade.

Aux premiers pas faits dans cette oasis, on est saisi d'admiration, tant la flore exotique s'étale magnifique aux regards; depuis l'ananas nain jusqu'au flamboyant arbre splendide de quinze à vingt mètres de hauteur.

Ses branches sont chargées de grappes de fleurs d'un rouge éclatant (d'où lui vient son nom), mêlées à de petites feuilles d'un vert émeraude semblables à celles de l'acacia.

Ça et là des dattiers, des rôniers, avec leurs larges feuilles disposées en éventail, des cocotiers, des manguiers, des calebassiers d'une grande hauteur, garnis de leurs fruits en forme de gourde, des bananiers, etc.

Parmi les plantes dont le choix est considérable, reconnu au hasard : le caoutchouc, la pourguère, le gingembre et différentes sortes de cactus ; enfin tout ce qui fleurit sous les tropiques, s'offre aux regards du visiteur.

On aimerait à rêver dans ce petit Eden, si l'attention n'était constamment attirée par les lézards qui s'enfuient au moindre bruit.

Devant moi défilent plusieurs variétés ; les plus forts atteignent jusqu'à soixante centimètres de longueur, d'aucuns ont la peau verte, d'autres sont d'un gris sale avec le dos et la queue remplis d'écailles. Sur de petits arbres quelques caméléons prennent leurs ébats, changeant de couleur, le temps de les regarder.

Il y a malheureusement dans les fouillis d'autres reptiles qui sont moins inoffensifs que les premiers.

Après avoir parcouru ce jardin en tout sens au moins deux ou trois fois, je prenais congé de mon guide et sortais par la porte donnant sur le village.

Continuant ma course, je suivais pendant quelques instants un sentier bordé de cases et débouchais sur une place.

Au milieu de celle-ci un immense baobab (1) étale ses branches tombant jusqu'à terre. Il se dépouille lentement

---

(1) C'est le plus gros des végétaux connus.

de ses larges feuilles (signe que l'hivernage ou saison des pluies va commencer) mettant à nu son fruit qu'on appelle le pain de singe : il a la forme d'un grand concombre de rente centimètres de longueur environ, mais pointu à l'extrémité, d'une nuance verdâtre et couverte d'un duvet blanc.

Il est très bon, paraît-il, et fort goûté des indigènes qui composent avec une substance molle renfermée à l'intérieur une boisson acidulée.

M'approchant du tronc, j'en fais le tour ; il est totalement creux et a servi de sépulture, car une large crevasse dans l'écorce laisse apercevoir des fragments de tibias et autres.

Encore quelques pas et je suis arrivé au point culminant de Dakar.

De cet endroit le panorama est magnifique ; d'un coup d'œil on embrasse toute la baie, depuis le cap Manuel jusqu'à la pointe du cimetière.

Dans le bas de la colline s'aperçoit le village de Hann, malsain et plein de marécages : sur la gauche c'est le commencement du désert, avec sa mer de sable mystérieuse et attirante.

Revenant sur mes pas, en quelques minutes de marche j'arrive à la mosquée.

Ce mot ferait supposer qu'on se trouve en face d'un de ces édifices de style oriental, avec des minarets comme il y en a dans tous les pays mahométans ; mais ici, rien de tout cela : qu'on s'imagine un carré de huit mètres de côté avec un avant corps derrière, le tout entouré par un petit mur, élevé seulement de un mètre de hauteur du sol, blanchi à la chaux, et l'on aura une haute idée de la mosquée de Dakar.

Un magnifique fromager planté à peu de distance, étale ses branches qui viennent ombrager une partie des murs du monument.

Dans l'un des côtés, une porte sans fermeture y donne accès.

A l'intérieur, trois ou quatre marabouts (1) dans différentes poses, regardant le ciel ou prosternés, récitent à haute voix les versets du Coran (2).

Fatigué par mon excursion, j'avisais un *Yolof,* assis devant sa case et lui demandais la permission de me reposer.

Enchanté de me recevoir, considérant ma présence chez lui comme un très grand honneur, il soulève la natte servant de porte et m'introduit dans son habitation.

On est presque dans l'obscurité; ébloui encore par la transition subite de la lumière du dehors, il me faut un peu de temps pour distinguer les détails de l'intérieur.

Au milieu de la pièce un feu de bois sur le point de

---

(1) Prêtre mahométan.
(2) Livre qui contient la loi religieuse de Mahomet.

s'éteindre, jette encore quelques petites lueurs qui disparaissent aussitôt.

Pour tout mobilier, des nattes en paille, posées pêle-mêle sur le sol au pourtour de la case.

Heureux pays ! qui ignore les marchands de meubles et leurs mémoires !

Dans le fond une femme à la peau bien noire, n'ayant pas vingt ans, est étendue nonchalamment.

Surprise par une visite inattendue dans un déshabillé plus que primitif, elle étale sa nudité provoquante.

Des anneaux de corail d'un rouge vif, lui entourent la naissance des bras et des jambes et font des cercles de feu sur cette peau d'ébène.

Sur un signe, je m'approche : elle me prie de m'asseoir à ses côtés, ce que je fais volontiers.

Tout en me dévisageant, elle entame avec moi une conversation en français; j'ai fait bonne impression, paraît-il, car ses regards sont pleins de volupté et vous donnent, par leur intensité, un avant goût du paradis de Mahomet . . . .

. . . .

. . . .

Mais le temps s'était vite écoulé dans cet entretien, l'heure du rendez-vous sur le port était arrivée; je quittais donc mes nouveaux amis, non sans promettre de revenir encore.

FEMME YOLOVE

Je me hâtais de descendre, et trouvais mon capitaine sur la terrasse du café de la Marine; nous n'attendîmes pas longtemps, car j'avais à peine commencé le récit de mon aventure, que le commandant du *Filtre* venait nous chercher pour le dîner.

Quelques coups d'aviron et nous sommes à bord de sa goélette; son second, très aimable, nous souhaite la bienvenue, c'est un quartier-maître de l'*Archimède* (aviso faisant le service de Gorée à Saint-Louis.)

Nous descendons dans la chambre par un escalier très étroit, on croirait entrer dans la chambre de chauffe d'un vapeur, tant il fait chaud. La carcasse et le pont étant tout en fer, exposés comme il le sont toute la journée aux ardeurs du soleil, il n'est pas étonnant que ce soit une fournaise à l'intérieur; et pourtant les hublots de chaque bord sont ouverts pour déterminer un courant d'air, il faudrait des pankas établis au dessus de table, comme dans les bateaux faisant les stations de Chine.

Pendant le repas, quelques fines bouteilles du bon coin délient rapidement les langues.

Le thé servi, on fume beaucoup. Des cigares de Manille ou de la Havane, provenant sans doute de voyages antérieurs, sont répandus à profusion, les liqueurs miroitent dans leur enveloppe de verre... Aussi, vers dix heures, quand le canot de l'*Océanie* vient nous reprendre, la gaîté règne sur tous les visages; pas mal de bouteilles

Je ne m'étendrai ni sur la composition du dîner, ni sur la soirée. Je dirai seulement que tout a été parfait et que nos convives ne quittent l'*Océanie* que vers minuit.

Le temps est couvert, il y a un peu de houle et la mer est très phosphorescente.

Le départ de la baleinière s'effectue sans embarras, il est facile de la suivre des yeux traçant son sillage pour retourner à terre, car chaque coup d'aviron remue des millions d'étincelles, et la lumière est si vive par moments qu'à deux encablures on distingue très bien les personnes assises.

Ce spectacle attrayant (la phosphorescence de la mer) me retiendrait toute la nuit si le sommeil ne venait réclamer ses droits.

Le pont est redevenu calme et l'on s'endort au clapotis de l'eau contre les flancs du navire, imitant invariablement le glou glou d'une bouteille qui se vide.

Le 12. — Le navire de guerre la *Loire* est arrivé cette nuit et a mouillé en grande rade.

C'est un transport à voiles (l'ancien *Jérôme-Napoléon*, débaptisé et transformé) chargé de conduire aux colonies pénitentiaires, deux ou trois cents condamnés politiques, pour faits se rattachant aux événements de 1871.

Toute la journée c'est un va et vient continuel d'embarcations de toute nature pour approvisionner ce transport.

Un vent chaud venant du désert, souffle avec une certaine force depuis le lever du soleil, et quoique assez loin de terre, on respire positivement du sable, tant l'air en est saturé.

Sur la baie règne en ce moment une forte houle, aussi aucun de nos chalands n'a pu venir aujourd'hui.

Quelques nuages se forment dans l'Est et feraient prévoir de l'orage.

Mais le baromètre est immobile ; c'est bon signe. Nous formons, le capitaine et moi, le projet si l'état de la mer le permet demain, d'aller visiter l'île de Gorée.

Six heures. La *Loire*, ses approvisionnements terminés, a suspendu toutes communications avec la terre ; on entend un coup de canon : c'est le signal de son départ ; ses ancres sont levées et sous toutes voiles le transport prend le large.

A la nuit on n'aperçoit plus qu'un petit point noir à l'horizon, la cargaison humaine est en route vers l'équateur.

Le 13. — A la houle d'hier a succédé un calme relatif, le temps est superbe, notre projet d'aller à Gorée va se réaliser.

Aussitôt le déjeûner, nous prenons place dans le canot; avec deux de nos matelots nous nous dirigeons sur l'île.

Une petite brise du Nord-Ouest nous favorise, pouvant aller à la voile, le taille-vent et la misaine sont hissés.

Contournant la baie, sous nos yeux défile toute la colline de Dakar avec ses cases posées sur les roches.

Un peu partout sont plantés des rôniers, des fromagers et de gros baobabs.

Bientôt nous sommes à la hauteur de la pointe; le courant n'étant pas très fort, nous mettons le cap droit sur l'île.

La mer est indigo, quelques flots d'écume blanche apparaissent de temps à autre à l'avant.

Enfin! vers midi, c'est-à-dire au plus fort de la chaleur, nous descendons au débarcadère de Gorée.

Le canot est amarré à l'un des deux appontements en bois, servant aux navires de petit tonnage qui viennent dans ce port.

Le flot, par une pente douce, vient presque baigner le bord des habitations; quelques embarcations sont échouées sur le sable.

Nous nous avançons vers la place principale, celle-ci est bordée de palmiers; le pavillon flotte sur l'hôtel du Gouverneur. M. le colonel V... est ici, car il alterne avec Saint-Louis, comme résidence.

Les rares insulaires qu'on rencontre à cette heure, ont l'air tout étonné de voir des Européens sortir par cette chaleur tropicale.

A travers les rues, il est impossible de rien voir, tant la lumière du soleil, reflétée sur ces maisons blanches vous fait mal aux yeux.

Après avoir été jusqu'au Castel, nous avons hâte de nous mettre à l'ombre; nous sommes ruisselants de sueur. Aussi ouvrons-nous la première porte qui se présente avec une pancarte de « cabaret » au-dessus de l'entrée. C'est un blanc qui tient ce cabaret. Comme rafraîchissements, il ne peut nous nous offrir que du cognac : nous opinons pour cette dernière liqueur, mais fortement coupée d'eau.

« La superficie de Gorée (1) est de 36 hectares (c'est celle du Champ de Mars de Paris,) mais sa forme n'est ni carrée ni rectangulaire; elle est plutôt celle d'une côtelette à manche recourbé. Dans la courbe située à l'Est, se trouve le port. A la pointe septentrionale se trouve une batterie de l'Ouest; enfin au Sud est le Castel qui prend à peu près le tiers de la surface de l'île et sert de caserne à la garnison.

---

(1) Nom donné autrefois par les Hollandais en souvenir de l'île de l'entrée du Haringoliet, Gœréc.

Renseignements puisés dans les *Colonies Françaises* par Louis Henrique.

« Entre la batterie de l'Ouest et le Castel et dominant la mer, s'élève l'hôpital militaire dont l'entrée est située sur la Grande-Place.

« C'est sur cette même place que se trouvent, au Nord de l'hôpital, l'hôtel servant de résidence au lieutenant-gouverneur des Rivières du Sud (occupé aujourd'hui par les bureaux et aussi par le gouverneur lorsqu'il vient à Gorée); en face de l'hôtel, dominant le port, la batterie de la place. Non loin du port, on remarque également l'église et l'ancien tribunal. »

Depuis notre entrée dans le cabaret, une heure s'est écoulée. On a peine à se remettre en marche; il fait encore si chaud! Et pourtant il est urgent de se hâter, si l'on veut visiter la ville; car la traversée du retour sera beaucoup plus longue ayant vent debout.

L'île parcourue en tout sens, nous regagnons le port; la marée a baissé, il faut descendre à l'échelle de l'appontement pour embarquer dans le canot.

Notre installation faite, les avirons en place, nous nous élevons rapidement au vent. La brise vient toujours de terre, un peu plus vive que dans la matinée.

Nous sommes obligés de tirer bordées sur bordées, courant tantôt sur le fort de Bel-Air, tantôt sur le phare du Cap Manuel, et celui-ci est allumé depuis longtemps déjà, nous envoyant ses rayons lumineux, lorsque nous accostons l'*Océanie*.

Le 14. — Je suis allé ce matin avec le capitaine, jusqu'au tombeau de l'ancien roi de Dakar, Mahommed-Diop, décédé depuis trois mois.

Le paysage est vraiment triste à l'endroit où sa majesté noire repose, le terrain étant un peu accidenté, l'horizon est très limité.

Comme végétation, à part l'herbe toujours grillée, aucune plante : tout est bien mort dans ce champ de repos.

A notre approche, une dizaine de vautours s'envolent lourdement et vont s'abattre plus loin sur les spectres de deux arbres, morts, eux aussi, depuis longtemps.

Plusieurs pierres grises et plates, jointes l'une contre l'autre, forment la pierre tombale du monument funèbre. Au dessus, une dalle, dont le sommet est arrondi en demi-cercle, est posée verticalement. On y lit l'inscription suivante :

MAHOMMED-DIOP

ROI DE DAKAR

mort le 16 Février

1873

Une grille en bois toute simple entoure ce tombeau.

Tout autour de la dépouille royale, d'autres tombes surgissent des hautes herbes, la plupart sont surmontées de morceaux de bois sculptés grossièrement ; beaucoup affectent la forme du croissant dans le haut, et sur quelques uns des caractères arabes inconnus pour moi sont gravés ou peints.

Nous quittons ce lieu de désolation, enchantés de nous retrouver parmi les vivants.

Rentrés dans Dakar, nous allons faire une visite au nouveau roi.

Une plume plus autorisée que la mienne a dépeint ces réceptions qui sont toutes les mêmes, puisqu'elles tendent toujours pour le roi, vers un même but : mendier, ou faire mendier par les favorites royales quelque menue monnaie :

« La présence des bâtiments de commerce amène de temps à autre sur les quais de Dakar un certain mouvement de la population noire, mais, le plus souvent, c'est dans la ville un grand calme et un grand silence.

» Des cases de bois, disséminées au milieu de jardins dévorés par le soleil, servent de logement au personnel de la colonie ; ce sont les habitations des fonctionnaires français et de quelques familles de mulâtres.

» Un ravin profond sépare la ville des blancs de la ville des noirs ; la seconde, beaucoup plus peuplée que la première, est plus bruyante.

» Des milliers de huttes de chaume, grandes à peu près comme des ruches d'abeilles, se pressent sur le sable aride, et on n'aperçoit à perte de vue que leurs toits pointus.

» Feu Mahommed-Diop, roi de Dakar, avait eu son époque d'indépendance, et joué autrefois son rôle dans les destinées de son pays. Une ombre de respect s'attachait encore à ce grand vieillard de six pieds, et le gouvernement français avait quelques égards pour sa personne. Mais son successeur, tout à fait déchu, n'a plus qu'un attrait grotesque. Les étrangers sont fort bien venus dans sa case; ses favorites et lui-même sont avides et prélèvent toujours un tribut sur leurs visiteurs.

» La demeure du roi de Dakar se distingue à peine de celle du dernier de ses sujets; quatre planches surmontées d'un grand dôme de paille composent tout l'édifice. Des guirlandes de citrouilles-calebasses couvrent cet ensemble de leurs feuilles jaunes.

» Une cour, bordée d'un palissage en joncs, est le lieu des réceptions; là se tient assis le vieux Diop, au milieu de quelques graves marabouts.

» Il est couvert d'amulettes précieuses; une quantité d'objets bizarres pendent à son cou ridé : des cornes de gazelle ou de girafe, des fragments de différentes bêtes, et plusieurs petits sachets de cuir.

» Un certain air de finesse narquoise éclaire ses vieux traits ratatinés; il parle à son entourage d'une voix flûtée et accompagne ses paroles de petits cris de singe.

» Son rôle administratif se borne à être un objet de vénération pour son peuple, sorte de vieux fétiche sournois, inoffensif, mais inutile.

» Le passage des grands courriers transatlantiques apporte chaque mois à Dakar une animation de quelques heures; les paquebots y déversent leurs passagers, émigrants de toute qualité et de toute industrie.

» Tous ces gens s'en vont en pèlerinage auprès du roi. On trouve alors dans cette cour d'Afrique un singulier mélange de races humaines, des Parisiens, des Yolofs et des femmes en tenue de boulevard, riant au nez du fétiche impassible.

» Ces journées de grande recette se terminent par des *bamboula* générales puis le pays entier reprend, jusqu'à pareille aubaine, son calme et sa monotonie. »

Nous aussi, nous payons notre gracieux tribut au roi qui paraît ravi.

Comme nous sortons de sa case on entend un coup de canon en rade : c'est la *Gascogne*, courrier des Messageries Maritimes (venant de Bordeaux et allant à la Plata, avec escales au Brésil). Le paquebot vient de s'amarrer sur une des bouées habituelles. Le pavillon de la Compagnie flotte sur ses hangars d'approvisionnements.

Il y a à peine une demi-heure que ce transatlantique est arrivé, et déjà les quais sont encombrés de passagers débarqués. Parmi ceux-ci beaucoup de Basques et de de Béarnais (reconnaissables à leur béret) qui se rendent dans les provinces Argentines, attirés dans ces pays lointains par des prospectus mensongers sur lesquels le mirage de la fortune est trop clairement étalé pour être vrai.

Le capitaine n'ayant que faire à terre, nous retournons à bord ; le déchargement marche à merveille, encore six à sept jours et *l'Océanie* sera lège.

La *Gascogne* est près de nous, on entend le bruit incessant de ses treuils à vapeur, montant, des chalands accostés, le charbon destiné à remplir les soutes.

Quelques noirs dans leurs pirogues, balancées par le flot comme des plumes, offrent aux passagers qui ne sont pas allés à terre, des fruits et divers produits du pays, mais ils font plus d'argent avec leurs plongeons.

De l'arrière du paquebot, plusieurs personnes s'amusent à leur jeter des pièces de monnaie, qu'ils vont chercher au fond de la mer, défiant tous les requins si nombreux dans toute la baie : du reste, les navigateurs l'ont surnommée *la baie aux requins*.

L'après-midi est bien avancée quand l'embarquement du charbon est terminé; la *Gascogne*, larguant ses amarres fait machine en avant, se dirigeant vers la côte brésilienne.

15. — Aujourd'hui aucune sortie, à part la corvée des provisions le matin. Je profite de ce repos pour mettre en ordre toutes mes notes de voyage.

16. — Le *Latouche-Tréville*, aviso de l'État, est arrivé cette nuit venant du Gabon.

Cinq heures : j'entends la diane à bord de la frégate, je sors sur le pont pour voir l'état du ciel et de la mer, afin de décider l'emploi de la journée, mais je suis vite renseigné par un roulis qui s'accentue de plus en plus. La mer devient mauvaise et le ciel est couvert. Une forte brise souffle de l'Est-Nord-Est, il est impossible de laisser plus longtemps aucune embarcation le long du bord, sans crainte de la voir bientôt se briser. Le capitaine commande de hisser le canot sur les porte-manteaux fixés à tribord derrière, et fait ensuite parer à mouiller une ancre à jet.

Vers dix heures un banc de brume s'élève derrière l'île de Gorée et nous atteint bientôt. Nous sommes dans un nuage; la vue ne s'étend pas au-delà du grand mât.

Nous restons dans cette situation jusqu'à la nuit; à ce moment la brume disparaît comme par enchantement et laisse voir la voûte céleste, semblable à un immense rideau noir constellé de diamants.

Le long de la côte, on aperçoit des feux allumés sur la grève.

En ayant demandé la cause au capitaine, lui qui connaît bien le pays pour y avoir relâché au moins vingt fois, il me répondit :

— Les feux que nous apercevons sont tout simplement des tas de poissons (pêche de plusieurs jours) que les indigènes sont occupés à faire cuire à moitié. Après cette opération, ces poissons sont pendus un à un à l'intérieur des cases, partout dans le chaume de la toiture, et là, la fumée du foyer de ces cases, étant libre de tout tuyau, les enfume constamment et termine par ce moyen la conservation.

J'ajouterai comme conclusion que le poisson joue un grand rôle dans l'alimentation ; car sa chair mélangée dans un pilon en bois avec du millet ou du riz, le tout bien battu, forme une espèce de pâte sèche appelée couscous, qui est la principale nourriture de la population noire.

17. — La brise ayant faibli vers le matin, le déchargement continue.

18. — Dimanche, repos pour l'équipage : la plus grande partie est allée à terre.

Dans l'après-midi, je vais rendre aux aspirants de la *Vénus* la visite promise le jour du mouillage.

Introduit dans leur poste, je suis positivement fêté par

tous les aspirants présents, je reste une longue heure avec mes compatriotes et je quitte la frégate, charmé de ma réception.

19, 20, 21. — Rien d'anormal. Continuation régulière du déchargement.

22. — Jour de l'Ascension, repos général.

Avisé la veille que le commandant du *Filtre* avait laissé son fusil de chasse chez le maître de port, avec prière de me le faire parvenir, je suis parti ce matin, accompagné d'un matelot emportant les provisions nécessaires pour la journée.

Bientôt sortant de Dakar, nous rencontrons un marabout nommé Ousman, qui nous dit connaître le repaire d'une forte hyène. Il nous faut marcher environ une lieue dans le sable brûlant pour y arriver.

C'est un petit mamelon couvert de figuiers de Barbarie d'une grande hauteur.

En ayant fait le tour plusieurs fois, broyant à coups de bâton les feuilles de figuiers en bordure, je me décide à tirer quelques balles, espérant effrayer et faire partir la bête tant désirée, mais j'en suis pour ma poudre.

Sans chien, il est bien difficile de déloger un animal quelconque dans ce fouillis de plantes piquantes.

Il y avait déjà trois heures que nous étions en plein

soleil et rien ne remuant à l'intérieur, j'allais battre en retraite, croyant à une mystification du marabout, lorsque mon matelot, du côté opposé, m'appelait par un signal convenu.

J'étais bientôt près de lui et à dix pas devant nous il me faisait voir la hyène cachée derrière un gros figuier. La tête seule était visible et ses deux yeux luisants me regardaient fixement ; aussitôt je portais la crosse de mon fusil à l'épaule et visais lentement, puis pressant le doigt sur la détente, une détonation retentit.

Il nous était impossible de voir le résultat de mon tir, d'un autre côté, si j'avais blessé la hyène, il n'était pas prudent d'approcher. Mon compagnon m'affirmait qu'elle était tuée, sans cela, disait-il, on l'entendrait se débattre. Les conjectures allaient leur train, lorsque la fumée de la poudre s'étant entièrement dissipée, nous vîmes la bête immobile et sans vie ; ma balle pénétrant dans le front près de l'œil gauche, elle avait été foudroyée.

Le cœur me battait à rompre la poitrine tant j'étais heureux de ma chasse ; et comme un gibier de cette taille suffisait à mon ambition, nous pensions à retourner sur nos pas, mais la difficulté était d'emporter la hyène.

Après avoir combiné plusieurs moyens d'enlèvement, nous nous arrêtions à celui-ci : c'est-à-dire en liant les quatre pattes de l'animal, puis passant le canon du fusil dessous, et le tenant chacun par un bout, nous arrivions, ainsi chargés, sur le port, avec notre trophée, non sans avoir été complimentés depuis notre rentrée dans Dakar jusque sur les quais.

Une heure après nous étions à bord : nouveaux compliments de la part du capitaine et du second, et après un repos bien mérité, je dépeçais la hyène, ne gardant que la peau pour l'envoyer comme souvenir à ma famille.

23. — Le déchargement est complètement fini vers neuf heures, le pont et la cale sont ensuite lavés et nettoyés.

Après le repas de l'équipage, l'*Océanie* lève l'ancre et vient s'amarrer près de la jetée en construction, pour embarquer du lest.

Il est facile maintenant d'aller à terre sans le secours d'aucune embarcation, une planche nous relie à la jetée.

Le capitaine est allé faire les démarches nécessaires pour le lestage, et moi ne sachant que faire je termine l'après-midi par une seconde visite au Jardin du Pénitencier.

24. — De nouveau le pont est plein de laptots, c'est un roulement continuel de brouettes, jetant dans la cale par les panneaux, le sable de mer qui doit servir de lest.

Un vieux nègre demande à parler au capitaine ; sur ma réponse qu'il n'est pas à bord, il me prie de lui offrir un verre de tafia. Je le fais d'autant plus volontiers que je reconnais le vieil Ousman, le marabout qui l'avant-veille m'avait fait tuer la hyène.

L'invitant à s'asseoir, il commence par me féliciter chaudement sur l'issue de ma chasse, puis il me raconte qu'il a été longtemps l'interprète du général Faidherbe, durant son séjour dans ce pays. Il me donne à son sujet certains détails sur sa manière de vivre lorsqu'il était en colonne, et il conclue par une *bordée* d'éloges pour l'ancien gouverneur du Sénégal.

Changeant ensuite la conversation, il m'apprend qu'il est le fournisseur du lest, et qu'il s'occupe aussi de décharger les navires, ayant un personnel nombreux avec le matériel nécessaire pour ces travaux.

Jusque là j'avais écouté Ousman avec plaisir; la conversation devenant banale et sans importance, je lui demandais de m'écrire quelques lignes sur mon album de voyage, puis je le quittais pour faire la ration de l'équipage.

25. — C'est notre dernier dimanche à Dakar, car vers la fin de la semaine nous devons nous rendre à Sainte-Marie de Bathurst (colonies anglaises) pour y prendre un chargement d'arachides et revenir à notre port d'attache, c'est-à-dire à Dunkerque.

Il fait un temps superbe, beaucoup de militaires et de

marins de l'État se promènent sur les quais. Les permissionnaires des deux navires de guerre en rade sont en majorité ; il n'est qu'une heure et pourtant plusieurs d'entre eux sont déjà blindés comme des cuirassés.

Ayant encore en ma possession le fusil de mon ami, je me dirige du côté du cimetière avec le mousse qui a tenu à m'accompagner.

Après avoir erré un peu au hasard toute l'après-midi, nous revenons presque bredouilles : quelques oiseaux, tel est le bilan de ma chasse.

Le soleil semblable à un fort disque rouge sanglant commence à mordre l'horizon, quand nous arrivons sur la place qui donne derrière le jardin public.

Sous le baobab qui décore cette place, il y a affluence de monde, c'est grande bamboula ; nous nous approchons pour mieux voir.

Une trentaine de jeunes négresses parées chacune d'un pagne blanc et de bijoux de corail ou d'argent, forment un grand cercle. Elles marchent l'une derrière l'autre en se dandinant toujours sur le même rythme, ayant les mains appuyées sur les épaules de celle qui se trouve en avant.

Au centre de ce cercle, trois marabouts assis sur le sable, tapent avec leurs mains sur des tambourins grossiers qu'ils tiennent entre les jambes. Ils portent un sabre (sans doute pour les distinguer), et ont la poitrine couverte de gris-gris (1).

L'un de ces marabouts dont la figure ressemble à celle des macaques, fait des contorsions tellement drôles en tapant sur sa peau d'âne, que le mousse éclatant de rire, je ne puis m'empêcher de l'imiter.

Notre hilarité n'est pas de son goût ; car il quitte immédiatement sa place et s'en va en me lançant un regard couvert de haine.

La bamboula finissant avec le jour, nous pensons à rentrer. Le crépuscule s'étend vite et la nuit arrive.

Tout en marchant côte à côte bien fatigués, nous échangions nos impressions sur le spectacle dont nous venions d'être les témoins, lorsqu'au détour d'une ruelle, près du commissariat, le marabout à la tête de macaque débouchant devant nous, nous barrait résolument le chemin, et, tirant son sabre, il m'apostrophait en langue de son pays sur un ton qui n'annonçait rien de bon.

Stupéfait de cette espèce d'agression, je croyais à une intimidation quelconque de sa part, ne comprenant pas un mot de ses paroles ; le mousse étonné me regardait ne sachant ce que cela voulait dire.

---

(1) Petit sachet en cuir renfermant des versets du Coran suspendu au cou par une lanière.
Considéré comme fétiche par les yolofs, il a la propriété, d'après eux, de les préserver des maladies, des balles et des requins.

Comme cette comédie pouvait durer longtemps encore, j'armais mon fusil, et couchant en joue ce grand singe habillé, j'allais, pour l'apprendre à me respecter, lui envoyer du plomb dans les jambes, quand il disparut tout à coup, sans savoir où il était passé : l'éclipse avait été si rapide que nous nous demandions s'il n'était pas rentré sous terre; quoique marabout, il n'avait pas crû un instant à la protection de ses gris-gris.

26. — Continuation du lest.

Sur les quais, la nouvelle se répand que les deux spahis sénégalais qui font la correspondance de Dakar à Saint-Louis (1) ont été assassinés à quelques lieues d'ici.

La compagnie de discipline vient de partir pour châtier la tribu où a eu lieu l'assassinat.

27. — L'embarquement du lest est terminé dans l'après-midi; les panneaux sont condamnés.

28. — Le paquebot la *Guienne*, des Messageries Maritimes, est arrivé ce matin venant du Brésil; il est reparti vers trois heures à destination de Bordeaux, emportant les lettres pour la France.

---

(1) Aujourd'hui, le chemin de fer de Dakar à Saint-Louis a supprimé ces correspondances.

En visite d'adieux, ma dernière soirée se passe à bord du *Filtre*.

29. — L'appareillage prend une grande partie de la journée, et quand tout est paré, les amarres sont larguées. Nous quittons la jetée pour aller mouiller en rade, afin d'être prêts à mettre à la voile demain.

Comme nous n'avons plus rien à faire à terre, les embarcations sont hissées, le canot aux portes-manteaux et la chaloupe sur le pont.

IV

DÉPART DE DAKAR
SAINTE-MARIE DE BATHURST

viennent nous donner une dernière preuve de leur sympathie ; tous assistent à notre départ.

Au bout de la jetée et sur le pont du *Filtre* des mains s'agitent : ce sont les derniers adieux.

La brise est faible et la mer superbe.

A quatre heures, nous doublons l'île de Gorée.

A cinq heures, un matelot occupé sur le bout de la vergue de misaine tombe à la mer. Aussitôt, de l'avant, un cri retentit : « Un homme à la mer ! » La voilure est immédiatement masquée et le canot mis à flot.

Heureusement que le malheureux peut saisir la bouée qui lui est lancée, et quelques secondes après (un siècle, si l'on songe que l'océan est peuplé de requins dans ces parages), nous le retrouvons à bord. Alors la voilure est orientée en bonne route.

Dans la nuit, la brise fraîchissant, nous sommes obligés de serrer les perroquets (1).

31. — A huit heures du matin, nous atterrissons sur le cap Sainte-Marie, la brise est faiblissante ; gouverné pour attaquer Bathurst.

Le maître sonde fréquemment, il relève des fonds de six et huit brasses.

Comme il y a une station de pilotage sur l'ilot, au Nord

---

(1) Perroquets, voiles au-dessus des huniers.

de la pointe Barra, nous prenons le pilote en dedans des bancs, laissons sur tribord l'embouchure de la rivière Oyster-Creek, et vers midi, nous mouillons à un mille de la ville de Bathurst.

Le canot de la santé vient faire sa visite traditionnelle; l'équipage établit les tentes, et le service de nuit au mouillage étant réglé, le capitaine et moi allons à terre.

Avant de débarquer, je ne puis résister au désir de citer quelques lignes d'Elisée Reclus sur ce pays :

« La capitale des possessions anglaises a été fondée en 1816, dans l'île de Saint-Mary, qui forme la pointe méridionale des terres à l'entrée de la Gambie. Appelée d'abord Léopold, puis Bathurst, la cité fut construite avec une certaine élégance; les maisons, les casernes, sont solidement bâties; l'emplacement est très bien choisi pour le commerce, puisque le chenal rase la pointe et que les navires peuvent mouiller dans le voisinage immédiat de la plage par 20 et 25 mètres d'eau; mais le site est des plus insalubres : il eût été difficile de prendre un endroit plus dangereux. L'île de Saint-Mary est entourée et traversée de marigots infects, l'eau y séjourne en flaques, restes d'anciennes inondations; à moins d'un mètre de profondeur, on trouve partout l'eau saumâtre, et la rive est tellement incertaine qu'il est interdit de ramasser du sable sur la plage, de peur que le courant n'en profite pour l'éroder : une partie du cimetière a été ainsi emportée par le flot.

» Cependant, plus de trois mille habitants, presque tous Yola ou Feloup, c'est à dire nègres de la côte, Mandingues, Serer et Yolof, se pressent dans les maisons et les cases de cette ville assiégée par les eaux.

» Le gouvernement anglais paye encore un léger tribut annuel au chef de la peuplade mandingue des Combo qui occupe le littoral au sud jusqu'à l'estuaire de la Casamance. Le *sanatorium* de Bathurst est situé aussi dans le territoire des Combo, à douze kilomètres à l'ouest de la ville, sur le cap Saint-Mary, près du village de Bacou (Bacow). En cet endroit, la berge marine se redresse en falaise, à une quinzaine de mètres au-dessus du flot; des rômiers, que l'on rencontre dans toutes les stations salubres de la contrée, ombragent les plantes, et la brise de mer, appelée plaisamment le « docteur » par les Anglais, souffle avec force pendant les premières heures de la journée, emportant les miasmes qui s'élèvent des marais de la Gambie.

» On a souvent proposé de transférer la capitale au cap Saint-Mary, mais l'ancrage y est mauvais et des bancs de sable obstruent les abords de la côte.

» Au nord-est de Bathurst, les batteries du fort Bullen, placées sur la pointe de Barra, commandent l'entrée septentrionale de la Gambie.

» Toute cette partie du littoral, bordée de palétuviers, appartient par traité à la Grande-Bretagne sur une largeur d'un mille marin ; mais de ce côté le gouvernement britannique ne fait pas prélever de droits, et les denrées sont exportées, franches d'impôts, vers les ports français du Sénégal. »

Après une demi-heure de marche à l'aviron, notre canot accoste le wuarf (1) de M. B..... (le consignataire qui doit nous livrer notre chargement d'arachides), et nous voilà sur le quai de Bathurst.

En débarquant, on est surpris du contraste avec Dakar. Ici le terrain est plat, les rues sont bien percées, avec des habitations européennes en quantité : puis à la suite, en allant dans l'intérieur, la partie de la ville occupée par les cases indigènes forme une ceinture bordant les marécages.

Après quelques minutes d'entretien avec M. B...., homme aimable, nous nous dirigeons vers le Consulat de France. Le consul est un négociant marseillais, installé à Bathurst depuis de nombreuses années.

Grand, maigre, sec, ravagé par la fièvre, il nous regarde avec des yeux éteints. Notre visite lui fait un sensible plaisir ; car, nous dit-il, « chaque fois que des Français

---

(1) Wuarf (mot anglais) jetée en bois avançant dans la mer pour faciliter l'accostage des navires.

viennent sous ces latitudes, c'est un bonheur pour moi, je puis leur parler de *Marseille!!* » Le hasard, qui fait bien les choses, l'a heureusement servi : mon capitaine est uu pur provençal. Aussi un dialogue légèrement *assentué* s'établit aussitôt entre ces deux enfants de la Canebière.

Pendant une longue heure, je subis le bavardage impitoyable de nos deux Marseillais, dans cet idiôme imagé et expressif que Mistral a si bien chanté dans *Mireille*, et que la *bouillabaisse* a popularisé. Inutile de le dire : toute bonne conversation entre méridionaux est nécessairement accompagnée de libations et de rasades. Nous nous *rafraîchissons* donc, comme on dit dans le Midi, et lorsque nous sommes suffisamment *rafraîchis*, nous prenons congé de notre compatriote, non sans avoir visité la factorerie consulaire dans ses moindres détails.

A côté du Consulat de France se trouve l'Englisch Church (église anglicane).

Parmi les autres curiosités, il convient de citer la grande place, ayant à droite le marché avec une entrée sur le quai, et les casernes de l'armée anglaise.

Celles-ci bâties en briques et pierres, sont vraiment monumentales. A l'une des portes, des soldats d'infanterie, en tunique de drap rouge, montent la garde, sanglés comme s'ils étaient en faction à Londres, sans paraître s'apercevoir de la différence du climat.

Nous entrons dans le marché, de construction récente. Il est tout en fer et d'une étendue extraordinaire pour la ville ; toutes les denrées possibles y sont entassées.

En passant devant les nombreux étalages à même le sol, nous nous arrêtons devant celui d'un potier et je fais l'achat de deux gargoulettes en terre cuite, puis sortant par la porte sur la mer, nous retournons au canot, plus fatigués par la chaleur que par la marche.

1er Juin. — Jour de la Pentecôte, repos général.
L'*Océanie* est le seul bâtiment battant pavillon français sur rade.

Le 2. — Levé l'ancre ce matin et accosté le wuarf de M. B... pour charger les arachides.

Dans l'après-midi, une équipe de noirs commence le débarquement du lest, qui prend fin dans la matinée du 5.

Le même jour vers deux heures, brick anglais le *Pelotas* venant d'Albreda, chargé d'arachides, nous accoste à babord pour nous livrer sa cargaison.

6. — Le *Pelotas* a commencé son transbordement.

Un incident des plus comiques est venu égayer l'équipage pendant le repos du déjeuner. Un nègre, n'ayant pour tout vêtement qu'un frac noir beaucoup trop étroit, coiffé d'un chapeau gris haute forme, avec un binocle sur le nez, se promenait le long du bord, une canne à la main et fumant un cigare.

Je renonce à décrire l'effet produit par cette apparition : pendant plus d'un quart d'heure ce n'est qu'une explosion de paroles incohérentes, de lazzis, et de fous rires.

Maintenant que l'*Océanie* est amarrée à quai, les oiseleurs indigènes commence à affluer ; ils offrent couramment cinq ou six perruches pour un shelling aux matelots qui veulent en acheter.

7. — Notre provision d'eau est épuisée. Comme il est très difficile de s'en procurer dans Bathurst, tant l'eau est saumâtre, nous sommes obligés d'en aller chercher à plus de douze milles de la ville : il faut s'enfoncer sur le territoire des Combo.

La veille, le capitaine avait pris toutes ses dispositions. Avant le lever du soleil deux chameliers (dont un pouvant servir d'interprète), nous attendaient sur le quai avec des chameaux.

Après avoir arrimé les barriques vides sur ceux qui devaient les transporter ; quatre matelots et moi nous montions sur les chameaux porteurs. Quant tout fut prêt, je donnais le signal du départ.

C'était la première fois que je montais un de ces animaux du désert, mais je conserverai toute ma vie une mauvaise impression de ce moyen de locomotion.

Je ne puis définir l'émotion que je ressentis lorsque ma monture prit le trot allongé au sortir de la ville. Vingt fois je pensais être jeté par terre et j'avoue que je ne songeais nullement à cacher ma mauvaise humeur. J'avais la poitrine défoncée par les mouvements du chameau ; et pourtant je ne pouvais reculer, ayant demandé le commandement de la petite caravane. Quand je dis commandement, c'est une figure ; car je désirais aller au pas et les chameliers qui étaient en tête faisaient la sourde oreille à mes appels.

Mes hommes avaient l'air de s'amuser de ce petit voyage à terre ; mais dans le fond, l'allure de leurs bêtes provoquait chez eux aussi la désagréable sensation que j'éprouvais.

Enfin après deux heures de marche à travers le sable, nous arrivions près d'un groupe de cases entourées d'arbres.

La caravane s'arrêtant, je sautais à terre tout courbaturé et allais interpeller durement le chamelier qui parlait un peu le français. Celui-ci se confondant en excuses, me faisait comprendre qu'il n'avait entendu aucun de mes appels ; afin de lui ouvrir les oreilles pour le restant de la journée, je jouais avec mon revolver une pantomime significative. C'était le meilleur argument et le plus concluant.

Mais nos inquiétudes ne devaient pas être de longue durée ; car à quelques pas de l'endroit où nous étions arrêtés coulait une source abondante. Nous étions arrivés au terme de l'excursion.

Une eau claire et jaillissante forme un ruisseau de quelques centaines de mètres qui va se perdre à peu de distance dans l'intérieur. C'est ici que nous ferons notre provision.

Le site que nous avons sous les yeux est vraiment charmant. Une dizaine de cases s'étagent gracieusement sur une colline basse, au-delà de laquelle l'œil ne perçoit à perte de vue que les immenses solitudes du désert.

Nous nous trouvons dans une véritable *oasis*. De nombreux arbres aux essences variées apportent la fraîcheur et la gaieté dans ce paysage tropical.

Les palmiers avec leurs belles couronnes de feuillage nous invitent au repos, tandis que les manguiers touffus nous offrent leur fruit : la mangue.

Ce serait un des fruits les plus agréables du pays, s'il n'avait le goût de l'essence de térébenthine, et si comme tous ceux des tropiques, il ne donnait la fièvre.

Pendant que mes hommes emplissent les barriques, poussé par la curiosité, j'entre dans une case ; même disposition qu'à Dakar, il en est de même de toute la côte en général depuis le Cap Blanc jusqu'à Sierra-Leone ; seulement ici le teint des naturels est moins noir, et tire plus sur le bronze. En revanche la tête et le corps sont plus difformes que chez le Yolof, surtout chez la négresse.

Sous les manguiers de petits négrillons épluchent et mangent des pistaches.

Midi : la corvée d'eau est terminée depuis un instant, mais il est impossible de songer à retourner de suite à Bathurst ; car le ciel se couvre et devient menaçant dans l'Est.

Les rares oiseaux qui peuplent ce coin du monde rentrent sous la feuillée, en faisant entendre de petits cris, affolés et apeurés.

Nos chameaux lèvent la tête respirant difficilement, tant l'atmosphère est lourde.

Au loin il n'y a plus d'horizon, ciel et terre sont confondus dans un nuage roussâtre qui arrive rapidement. Il ne faut pas se le dissimuler, nous allons recevoir une tornade.

Sa vitesse est si grande que nous n'avons que le temps de rentrer dans la première case venue ; car aussitôt un éclair gigantesque, suivi d'un coup de tonnerre ébranlant le sol, annonce qu'elle vient de nous atteindre.

Le vent fait rage et soulève des monceaux de sable qui s'abattent sur les cases, se tamisant à travers les paillotes ; les arbres ploient jusqu'à terre. Éclairs et tonnerre se succèdent sans interruption, et chaque coup vous produit sur l'ouïe l'effet de cent coups de canon tirés à la fois, puis la pluie tombe à torrent. Pendant plus d'une heure, c'est un déluge épouvantable : les Combo habitant la case sont prosternés et récitent les prières du Coran.

Enfin le calme renaît, on n'entend plus rien au dehors. J'ai hâte d'être à l'air libre pour respirer.

Un spectacle lamentable s'offre à mes yeux : tout était si souriant une heure auparavant. Maintenant c'est la désolation.

Quelques palmiers n'ont plus une feuille, des branches de manguiers couvertes de fruits, gisent à terre, déchiquetées ; des ravines sont creusées dans le sable par l'énorme quantité d'eau tombée, et ne donnent plus qu'une idée vague du terrain avant la tornade.

Nous avions laissé nos chameaux couchés près de la source, tels nous les retrouvons.

Le soleil de nouveau envoie ses rayons brûlants ; il est grand temps de partir si nous voulons rentrer à la tombée de la nuit.

La caravane se remet en route, mais au pas cette fois et sans incidents nous atteignons Bathurst, comme le coup de canon de la place annonce le coucher du soleil. (1)

Le 8. — Repos du dimanche.

---

(1) Est-ce pour intimider les indigènes, je ne saurais le dire ; mais à Bathurst, le lever, midi et le coucher du soleil, sont annoncés par un coup de canon.

Les 9 et 10. — Continuation du transbordement du brick le *Pelotas*.

Le 11. — . Ce navire a terminé la livraison de son chargement. Vers cinq heures, il se déhale pour remonter la Gambie, allant à Albreda.

Dix heures et demie du soir — l'équipage est réveillé par l'homme de quart. Une tornade venant du Sud-Sud-Est va encore éclater, tout le monde est sur le pont et chacun à son poste s'apprête à la recevoir.

Une nuit noire; à peine y voit-on pour se diriger. On avance à la clarté des éclairs, le tonnerre gronde sourdement depuis longtemps déjà.

A mon poste à tribord derrière, laissant pendre le long du bord une défense tressée, pour éviter à l'*Océanie* des avaries contre le wuarf où il est accosté, j'admire le spectacle. L'orage est dans toute sa force. Tout à coup je perds pied, soulevé par un homme. En me débattant je pousse un cri, mais ce cri se confond avec les hurlements du vent dans la mâture et le bruit de la pluie sur les roufs. Par un hasard bien singulier, j'étais seul dans cette partie du navire. Certainement j'allais succomber et être précipité à la mer, lorsque par un effort désespéré, m'accrochant avec les mains aux haubans d'artimon, il est impossible à mon adversaire de me faire lâcher prise. Cette ténacité me sauva la vie; car celui qui voulait ma mort, s'éclipsait de l'autre côté du rouf, mais à la faveur d'un éclair, j'avais reconnu sa figure, c'était le maître : tout cela avait duré à peine deux minutes, mais je ne les oublierai jamais.

Aussitôt je rentre dans la chambre. Le capitaine venait de m'y précéder ayant passé au vent pour ne pas gêner la manœuure, sans cela il aurait vu l'attentat. Je le prie de mettre un homme à ma place, l'*Océanie* ayant encore besoin de lutter contre la tourmente, puis je tombe sur une chaise à moitié évanoui.

Le capitaine m'enlevant mon *suroi* (1) tenu par un lacet lié sous le menton, m'administre de suite un cordial énergique et je reviens à moi non sans être encore vivement ému.

On entend toujours la pluie tomber sur le rouf, mais le gros de l'orage est passé.

Le capitaine et le second m'interrogent sur la cause de mon indisposition. Fidèlement je leur raconte l'attentat dont je viens d'être victime.

Immédiatement le maître est prié de se rendre dans sa cabine et celle-ci est gardée par deux hommes.

Comme il n'y a pas de navire de guerre français dans le port, le capitaine va rédiger un procès-verbal et demander au consul français de faire arrêter demain matin le

---

(1) Chapeau en toile à voile (huilée pour la rendre imperméable).

coupable par les autorités anglaises afin de le faire partir par le prochain paquebot.

Pendant qu'on discute à la chambre sur la conduite à tenir vis à vis de ce malheureux, il est dans sa cabine, appuyé contre sa couchette, songeant à l'acte qu'il vient de commettre et au châtiment qui l'attend.

Avant de signer le procès-verbal, l'état-major de l'*Océanie*, réuni en conseil, veut interroger le maître. Un ordre est donné, deux hommes l'amènent.

Lorsqu'il arrive au milieu de la chambre, à la clarté de la lampe, sa figure est si triste, si décomposée, que malgré moi, le cœur me fait défaut.

Il cherche à lire dans tous les yeux. Il voit sans doute un sentiment de compassion dans les miens ; car s'avançant de mon côté, il s'écroule à mes pieds, me demandant pardon pas trois fois, c'est le seul mot qu'il peut articuler.

Devant un repentir aussi sincère je ne sais plus que faire. Faisant un retour sur moi-même je pense à mes parents que j'aurai pu ne plus revoir ; mais je pense aussi que ce marin a une mère et qu'il est son seul soutien. Alors je n'hésite plus, je supplie le conseil de lui pardonner sa mauvaise action comme je le fais séance tenante, déclarant que je ne signerai pas la plainte.

Le capitaine voudrait une punition, ne fut-ce que la réintégration à bord d'un navire de l'État pendant deux ans à demi solde ; mais je suis inflexible à ce sujet.

D'un autre côté, en le débarquant nous étions privés d'un homme qui faisait fonction de chef de quart; et il n'était pas possible de le remplacer à Bathurst.

Après un silence assez long, le capitaine obtempérant à mes désirs, déclarait que l'affaire serait oubliée et qu'il n'en serait fait aucune mention sur le journal de bord.

Sur le pont tout est rentré dans le calme, mais il m'est impossible de fermer l'œil et le reste de la nuit s'écoule lentement.

Le 12. — Avant le déjeuner le maître est venu à la chambre me demander de la toile pour des réparations de voiles. Encore tout entier aux événements de cette nuit, sa présence m'a été pénible ; pourtant rien dans mes paroles n'a pu lui faire croire a un ressentiment quelconque de ma part, mais j'ai bien vu qu'il avait hâte de finir l'entretien.

Le 13. — Le vapeur postal anglais, venant de Freetown, a relâché ici quelques heures et a fait route ensuite pour l'Europe.

Le 14. — Le chargement est fini, les panneaux sont condamnés; nous nous déhalons au large pour appareiller. Vers une heure, mouillé à un mille. Dans l'après midi embarqué les ancres de veille, chaînes et embarcations.

V

DÉPART DE SAINTE-MARIE DE BATHURST
RETOUR EN FRANCE

CHAPITRE V

DÉPART DE SAINTE-MARIE-DE-BATHURST
RETOUR EN FRANCE

Départ de Sainte-Marie de Bathurst. — Les îles du Cap Vert. — Boavista. — Maladie du capitaine. — Pêche d'un requin. — Calme plat. — Gros temps. — Entrée en Manche. — Les Casquets. — Rentrée au port de Dunkerque.

Le 15. — Le *Saint-Vincent de Paul*, trois-mâts de quinze cents tonneaux de Bordeaux, est arrivé sur rade ce matin.

Aujourd'hui dimanche, repos jusqu'à midi. A une heure, le pilote embarque ; dérapé l'ancre aussitôt, appareillé avec petite brise et commencement de jusant ; virant de bord de temps à autre d'après les indications du pilote.

Cinq heures, ce dernier nous quitte, l'*Océanie* courant babord amure, sous toutes voiles, avec une brise faible et variable Ouest.

Jusqu'à l'aube, l'équipage au complet reste sur le pont, pour changer d'amure constamment ; un matelot sonde sans interruption.

Toute la nuit nous naviguons par des fonds de 6 à 7 brasses.

Le 16. — Quatre heures du matin, la sonde accuse 8 brasses.

Cinq heures. — 10 brasses : nous doublons le cap Pelé ; alors une bordée peut aller se reposer. On aperçoit un brick, sur notre avant, faisant même route.

A midi. — Pris une hauteur ; nous sommes par :

    13° 22, lattitude Nord
et   19° 26, longitude Ouest

Quatre heures, le ciel se couvre, la mer est houleuse ; la brise étant faible, notre marche s'en ressent. A la nuit la sonde 26 brasses.

Le 17. — Le ciel est nuageux, très forte houle du Nord Nord-Ouest, la brise est plus fraîche ; le navire a une forte bande, on a grand peine à se tenir sur le pont.

Du 18 au 23. — Brise intermittente et marche irrégulière, avec grosse mer les deux derniers jours.

Le 24. — Vers 6 heures du soir, reconnu la

pointe Nord-Est de Boavista (île faisant partie du groupe des îles du Cap Vert).

A mesure que la nuit arrive, l'île s'efface à l'horizon.

Le 25. — 7 heures du matin, la terre est devant nous, mer houleuse et petite brise. Des frégates (1) reconnaissables à leur vol rapide semblent venir à notre rencontre et nous accompagnent tantôt à une grande hauteur, tantôt rasant la surface de la mer.

Nous courons sur la pointe Est de Boavista.

L'île à la distance où nous sommes, semble couverte de bois; mais l'aspect change à mesure que nous approchons. La terre apparaît désolée, inculte, d'une teinte grisaille uniforme, la végétation étant brûlée par les rayons solaires.

Deux heures; la brise est moyenne, la brume monte sensiblement; un homme est en vigie dans la mâture, pour les brisants. Tout le monde est paré à la manœuvre. Enfin à cinq heures, nous doublons le banc à deux milles au large; c'est une véritable chaîne d'écume qui entoure cette partie de l'île.

Orienté au plus près, nous continuons la route au Nord-Ouest-1/4-Nord, du compas, pour passer dans l'Ouest de l'île du Sel.

---

(1) Oiseaux de mer.

A la même heure, nous relevons l'îlot Est de Boavista, à quatre milles dans l'Ouest du Monde.

Observation
Latitude Nord 16° 10' 30"
Longitude Ouest 24° 56' 00"

Le 26. — A huit heures du matin, le trois-mâts allemand *Batavia*, passe près du bord.

Le capitaine n'a pas encore paru sur le pont : pris par une forte fièvre cette nuit, il garde le lit.

Le 27. — Grosse mer, le navire roule fortement; des requins nous suivent : mauvais présage.

Le capitaine n'allant pas mieux me confie la route, puisqu'il n'y a plus que moi pour faire le point, le second n'ayant fait aucune étude à ce sujet. (1)

Le 28 et le 29. — Malgré tous les soins possibles et les paquets de quinine, la fièvre ne diminue pas. Devant cette occurence, le capitaine pouvant mourir d'un moment à l'autre, il est décidé que le second prendra le commandement pour tout ce qui concerne la manœuvre et que moi je serai chargé de conduire l'*Océanie* à destination.

---

(1) Les voyages à la côte d'Afrique sont considérés comme long-cours, puisque l'on dépasse les Açores; malgré cela, l'armement des navires ne comporte pas souvent un second qui soit reçu capitaine au long-cours.

Le 30. — La nuit a été très salutaire pour le capitaine ; un mieux sensible s'étant produit, il a demandé à se lever vers midi et s'est fait porter sur le pont. Il est méconnaissable tant la fièvre l'a ravagé.

Le ciel est superbe et la brise est bonne. Quatre navires ont été aperçus gouvernant sur divers points.

Le 1er juillet. — Le capitaine a voulu se lever ce matin, la fièvre est décidément enrayée, il est sauvé. Ce n'est plus qu'une question de jours pour qu'il soit complètement remis ; mais il avoue qu'il a été bien bas et qu'il attendait la sépulture du marin.

Il vente grand frais par rafales, c'est une journée à serrer de la toile.

Le 2. — Aujourd'hui le capitaine a fait un calcul d'angle horaire pour la première fois depuis sa maladie ; le point fait sur la carte, il m'a félicité de la route suivie sous ma direction.

Après le déjeuner, penché sur le bastingage près du timonier, je regardais défiler dans le sillage du navire quelques méduses, masses gélatineuses et transparentes, ayant la forme d'un champignon bleuâtre, frangé de violet, lorsque dans le remous provoqué par le gouvernail, j'aperçus un requin.

Le second qui se trouvait à côté de moi, avait sans

doute remarqué également le squale ; car il était allé chercher les engins de pêche pour essayer de le capturer.

La prise d'un requin a peut-être été racontée mille fois. Il n'est pas, en effet, un navigateur, qui, au cours d'un voyage ne se soit donné la satisfaction d'en détruire au moins un, ne serait-ce que pour prendre en quelque sorte une revanche sur le plus mortel ennemi des marins, et pourtant il existe encore certaines tribus de la côte occidentale d'Afrique adorant le requin à l'égal d'une divinité, malgré le grand nombre de victimes qu'il fait chaque année dans leurs rangs.

Les anciens ne parlent de ce monstre qu'en termes élogieux. Voici le témoignage de Plutarque : « Le requin ne le cède à aucune créature vivante en *bonté paternelle* en *douceur* et en *amabililé*. Le père et la mère se disputent le soin de procurer de la nourriture à leur petit, de l'instruire, de lui apprendre à nager. Un danger vient-il à menacer cet être sans défense, il trouve un asile sûr dans la *gueule protectrice* de ses parents, d'où il sort lorsque le calme et la sécurité sont revenues sur les eaux. »

Il est à croire que dans ces temps reculés le requin était peut-être plus civilisé que de nos jours.

Mais plutôt que de m'apitoyer sur la *bonté paternelle* des requins, je reprends le récit de notre pêche.

L'instant d'après, le second revenait avec une chaîne

de fer terminée par un gros crochet ou *émérillon*, dissimulé sous une épaisse tranche de lard.

La chaîne, amarrée l'hameçon était lancée à la mer, et le requin l'apercevant, s'avançait aussitôt pour flairer l'appât.

Après un examen très court, je le voyais se retourner le ventre en l'air et engloutir lard et crochet dans sa gueule.

Le second donnait de suite une secousse à la chaîne, afin de fixer l'émérillon dans l'estomac du squale. Une minute n'était pas écoulée qu'il commençait à fouetter la mer de sa queue et à chercher à se dégager, mais il était bien tenu et à ses bons désordonnés, succédait une période de calme, nous en profitions pour le haler jusque sous l'arrière et bientôt avec un palan il était hissé sur le pont.

Quelques coups de hache bien appliqués sur la queue, le mettaient dans l'impossibilité de nuire et la mort venue, mort lente s'il en fût, ses restes étaient jetés à la mer.

Aujourd'hui 3. — Notre déplacement en latitude Nord est insensible, à peine marchons-nous pendant le premier quart.

Au coucher du soleil, la brise tombant graduellement le calme plat nous prend. Quand nous quittera-t-il ?

Les 4. — 5. — 6. — Nous ne faisons pas un mille, rien à faire comme manœuvre, l'équipage est occupé à divers réparations ; entr'autres à repeindre l'intérieur et l'extérieur du navire.

Sur cette mer qu'on croirait d'huile, n'ayant aucune ride à sa surface, nous sommes seuls : pas de voile en vue.

Dans la journée, la pêche de la bonite et de la dorade, est notre principale distraction.

La dorale ! quel merveilleux poisson, changeant sept fois de couleur avant de mourir.

Puis le soir, ces couchers de soleil qui vous plongent dans une rêverie qui n'a plus rien de terrestre. A peine celui-ci a-t-il disparu dans l'Océan, que, de l'horizon au zénith, le ciel se teinte de rayons de pourpre et d'or et forme le fond immense d'une apothéose de féerie.

C'est une véritable fascination pendant que ces couleurs inimitables s'estompent et se foncent à mesure que le crépuscule étend son rideau d'ombre ; et comme l'on se sent petit en face de ce spectacle unique de la création !

Le 7. — La brise est toujours très faible, aussi en prévision de l'extrême lenteur du retour, l'équipage est mis à la ration : deux galettes de biscuit par jour.

Quatre heures : de lourds nuages s'amoncellent dans l'Ouest, il vente bonne brise, enfin ! nous sortons du calme plat, toutes voiles dehors, l'*Océanie* fait bonne route.

Aperçu un trois-mâts gouvernant dans le Sud.

Du 8 au 12. — Mer houleuse et ciel couvert; quelques grains de temps à autre.

Le 13. — Le ciel est toujours couvert mais la brise tombe et l'après-midi notre marche est nulle.

14. — La houle est très accentuée dès le matin, la mer grossit de plus en plus dans la journée et la pluie est torrentielle.

Trois navires sont en vue courant dans l'Est.

Le 15. — Grosse houle de l'Ouest, les grains se succèdent continuellement.

Le 16. — La mer est démontée, le vent fraîchissant grand frais, la pluie ne cesse de la journée. A deux heures, en rentrant les bonnettes (1), l'amure d'une bonnette basse casse et entraîne la rupture du boute-hors. Nous courons vent arrière sous les huniers de la misaine.

Des éclairs apparaissent dans l'Est-Nord-Est.

---

(1) Petites voiles carrées qu'on ajoute aux grandes en allongeant les vergues par des boute-hors.

Le 17. — Notre bâtiment est poussé par un vent violent d'Ouest, le ciel est orageux, la mer toujours grosse est remuée par des bourrasques à intervalles peu distants les uns des autres.

Du 18 au 22. — Nous fuyons devant le temps, traversant des bancs de brume. L'avant est constamment submergé par les coups de mer, il est impossible d'y rester, sans risquer d'être enlevé par une lame.

Le vent est dans toute sa fureur, la mâture a par moments des craquements sinistres quoique étant presque à sec de toile.

Aussi loin que l'œil peut découvrir, l'Océan est comme en ébullition, on croirait naviguer dans une mer de neige, tant il est couvert d'une écume blanche qui fait un contraste frappant avec le ciel noir comme du charbon.

Le 23. — La mer s'est un peu apaisée la nuit. Vers neuf heures le soleil perçant les nuages, fait son apparition, nous sommes heureux de pouvoir prendre une hauteur et le point fait nous donne :

$48°$ 18, latitude Nord

et $14°$ 00, Longitude Ouest

L'après midi le ciel se couvre de nouveau, le vent fraîchissant amène des bancs de brume et la pluie.

Le 24. — Midi : nous sommes par le travers des îles Scilly ou Sorlingues ; nous entrons en Manche.

Onze heures du soir : nous reconnaissons Les Casquets (1) à six milles dans le Sud.

Le 25. — Remontant vers la côte anglaise, nous côtoyons à très petite distance l'île de Wight.

Le 26. — Huit heures du soir, nous passons le détroit avec le flot ; vu successivement les feux de Gris-Nez et Gravelines et à dix heures mouillé en rade de Dunkerque.

1 heure du matin. — C'est la pleine mer, la nuit est sereine, la brise est nulle, à peine entend-on le clapotis de l'eau ; le fanal pour demander un pilote est hissé depuis longtemps déjà, lorsque nous voyons un vapeur sortir du chenal et mettre le cap sur nous : c'est le remorqueur l'*Industrie*.

Arrivé à la hauteur de l'*Océanie*, il décrit une courbe afin de passer à l'arrière et accoste à tribord pour embarquer le pilote et la douane. Sa remorque envoyée, nous

---

(1) Au moment de ce voyage, l'archipel des Casquets, qui forme un groupe de rochers d'une longueur de deux kilomètres environ, près de l'île d'Aurigny, était éclairé par trois tours à feux.

Aujourd'hui deux tours ont été détruites ; il ne reste plus qu'une tour blanche au Nord-Ouest du rocher, ayant un feu à trois éclats visible à quinze milles par un temps clair, mais d'une puissance double en temps de brume.

levons l'ancre et une demi-heure après rentrons dans le port.

Avant de terminer ce récit, je ne voudrais pas laisser le lecteur sous une mauvaise impression au sujet de notre colonie sénégalaise.

Je dirai donc que depuis ce voyage, dix-neuf années se sont écoulées ; que, depuis ce temps, Dakar, qui fût notre principal objectif dans ce récit, est aujourd'hui une ville qui grandit chaque jour et qui est maintenant le port le plus important que nous ayons sur la côte occidentale d'Afrique.

Le port bien agencé a deux jetées, et nos navires et ceux étrangers peuvent faire relâche pour des réparations et s'approvisionner de charbon et de vivres.

Le village noir est totalement distinct de la ville proprement dite ; une voie large, la rue Nationale, la coupe de l'Est à l'Ouest.

C'est à Dakar que la Compagnie du chemin de fer de Saint-Louis, a installé ses ateliers et ses bureaux. Cette décision a largement contribué au développement de la cité sénégalaise.

FIN

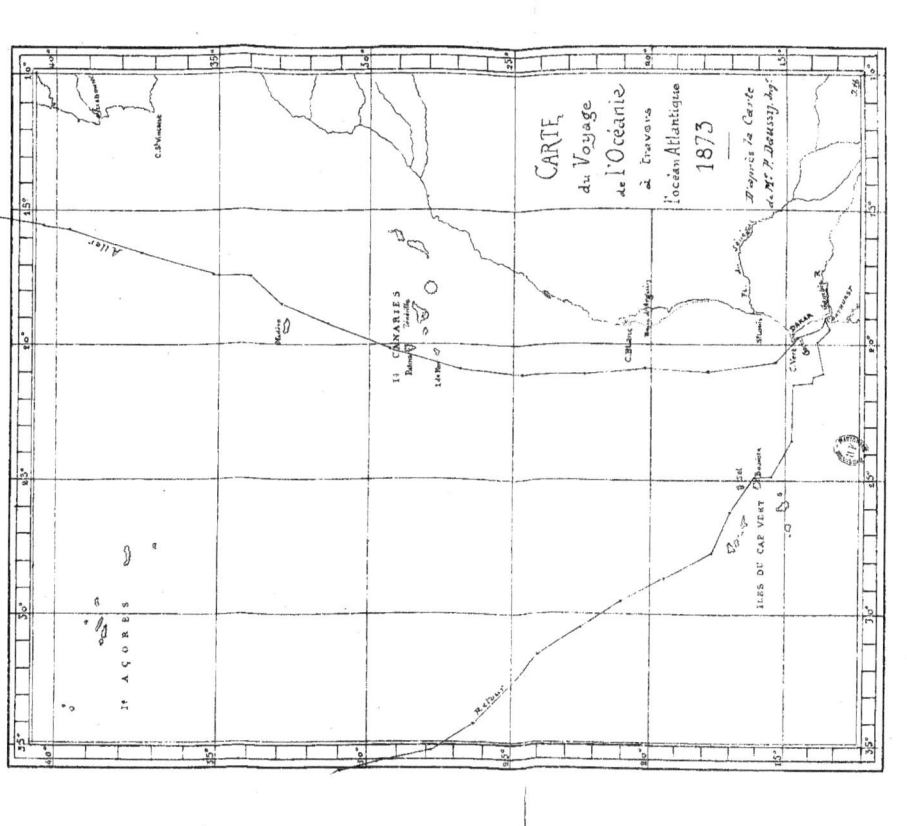

TABLE DES MATIÈRES

Pages.

INTRODUCTION 1

CHAPITRE PREMIER

DUNKERQUE. — LE DÉPART DE L'*OCÉANIE*

Le port de Dunkerque. — L'*Océanie* et son équipage. — Son départ.   3

CHAPITRE II

EN MER

La Manche. — Gros temps dans l'Océan. — L'île Palma. — Arrivée à Dakar. — Péripéties du mouillage........................... 13

CHAPITRE III

AU MOUILLAGE — DAKAR — GORÉE

Fondation de Dakar. — Le Capitaine du *Filtre*. — Jour de marché. — Visite au Jardin du Pénitencier. — La mosquée. — Le transport de de guerre La *Loire*. — Promenade à Gorée. — Tombeau de l'ancien roi de Dakar. — Visite au nouveau roi. — Une chasse à la hyène. — Bamboula..................................... 25

CHAPITRE IV

DÉPART DE DAKAR — SAINTE-MARIE-DE-BATHURST

Pages.

L'*Océanie* quitte Dakar. — Un homme à la mer. — L'entrée de la Gambie. — Mouillage à Bathurst. — Description de la ville. — Au Consulat français. — Incident comique. — Manque d'eau. — Voyage à dos de chameau. — Une tornade. — Attentat à bord............ 65

CHAPITRE V

RETOUR EN FRANCE

Départ de Sainte-Marie-de-Bathurst. — Les îles du Cap Vert. — Boavista. — Maladie du capitaine. — Pêche d'un requin. — Calme plat. — Gros temps. — Entrée en Manche. — Les Casquets. — En rade de Dunkerque.. 83

Saint-Quentin. — Imp. J. Moureau et Fils.

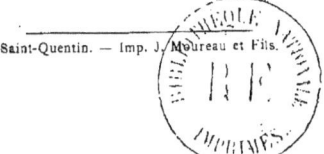

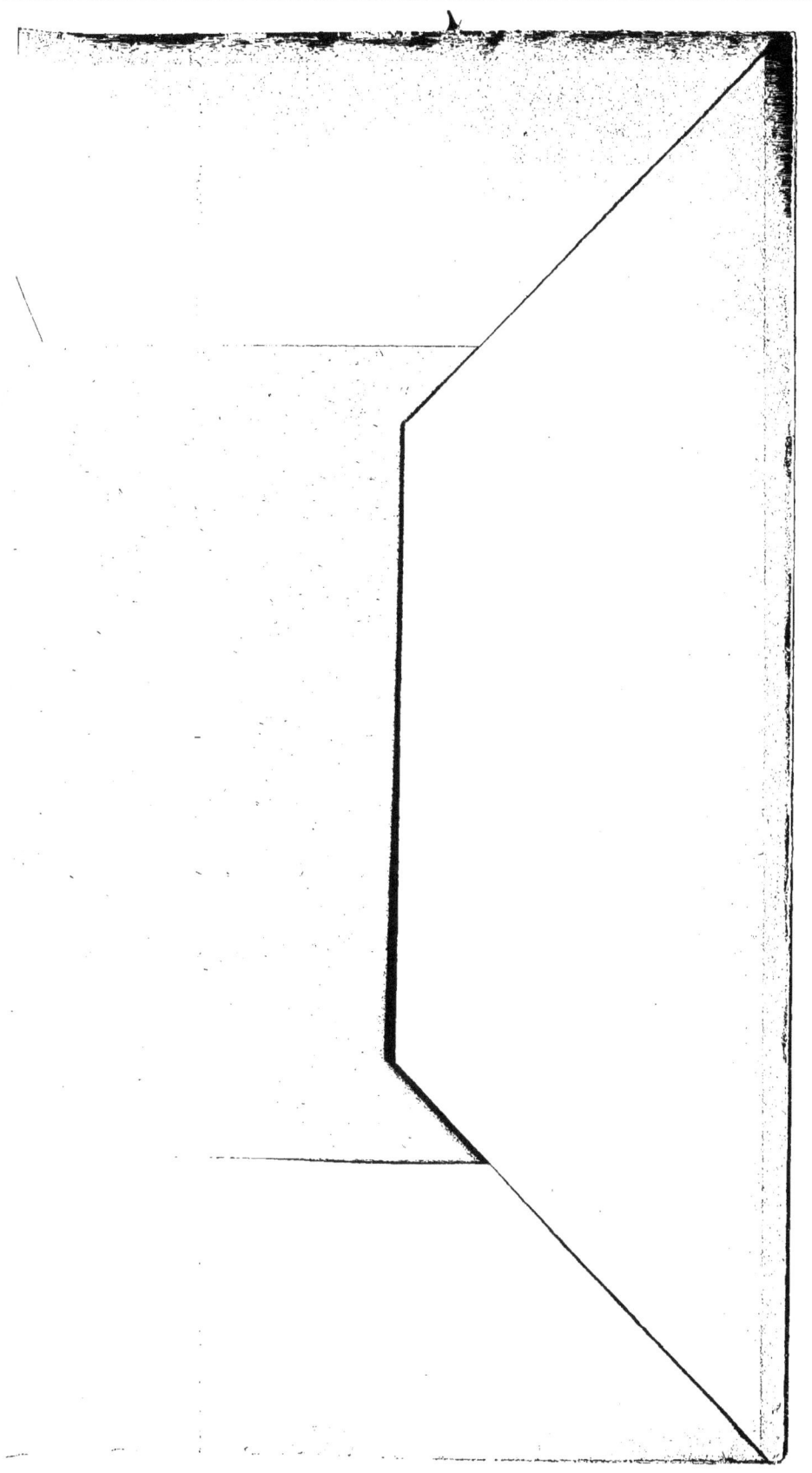

www.ingramcontent.com/pod-product-compliance
Lightning Source LLC
Chambersburg PA
CBHW070520100426
42743CB00010B/1880